AF232099

LES
ÉCOLES A ALAIS

SOUS L'ANCIEN RÉGIME

MÉMOIRE PUBLIÉ PAR **M. A. BARDON**

Receveur des Domaines

sous les auspices de la

SOCIÉTÉ SCIENTIFIQUE ET LITTÉRAIRE D'ALAIS

à l'occasion dé

L'INAUGURATION DE LA STATUE DE J.-B. DUMAS

et du Lycée d'Enseignement spécial

(24 Octobre 1889)

NIMES

IMPRIMERIE F. CHASTANIER

12 — rue Pradier — 12

1889

LES
ÉCOLES A ALAIS

SOUS L'ANCIEN RÉGIME

MÉMOIRE PUBLIÉ PAR **M. A. BARDON**

Receveur des Domaines

sous les auspices de la

SOCIÉTÉ SCIENTIFIQUE ET LITTÉRAIRE D'ALAIS

à l'occasion de

L'INAUGURATION DE LA STATUE DE J.-B. DUMAS

et du Lycée d'Enseignement spécial

(21 Octobre 1889)

NIMES

IMPRIMERIE F. CHASTANIER

12 — rue Pradier — 12

1889

PRÉFACE

Il existe aux Archives d'Alais un certain nombre de pièces relatives à l'instruction de la Jeunesse sous l'ancien régime ; elles sont insuffisantes pour écrire une monographie vivante de l'enseignement dans cette ville ; j'ai cru devoir néanmoins en faire le résumé.

Quand j'ai eu terminé ce travail, il m'a semblé que j'appréciais mieux et les efforts des générations antérieures, et ceux de la société moderne.

Alais, 21 octobre 1889.

Achille **BARDON**.

LES ÉCOLES A ALAIS

SOUS L'ANCIEN RÉGIME

1289-1789

I.

La guerre des Albigeois amena dans le Midi la destruction des archives, et ce qui avait échappé aux incendies allumés par les envahisseurs disparut à l'époque de la Réforme. Nous ignorerons donc toujours comment les habitants d'Alais se débarrassèrent des chaînes féodales.

Il y avait déjà plus d'un siècle qu'ils formaient *une commune* lorsqu'ils comprirent que pour assurer leur affranchissement, pour consolider leur liberté politique, rien ne valait la propagation de l'enseignement du droit.

Des écoles primaires et secondaires, ils n'avaient pas à s'en occuper, le clergé s'en chargeait, chaque monastère avait son école.

Au sommet de la colline, dans la direction du sud-ouest, à l'abbaye de Saint-Germain-de-Montaigu, il devait y avoir des maîtres pour la jeunesse ; sous le patronage de l'abbé de Cendras, dont dépendait le prieuré d'Alais, une école exista aussi très probablement. Je sais bien que déjà ces abbayes déclinaient, mais de nouveaux ordres religieux vinrent s'installer aux portes mêmes de la ville, au milieu du xiiie siècle.

Les couvents des Dominicains et des Cordeliers n'étaient cependant pas construits (1) au moment où le

---

(1) Un acte de 1303 dit que les Dominicains logent dans la maison dite de la Delphine : *domus in quâ faciunt forestariam supradicti fratres.*

Conseil municipal décidait d'imposer, pour payer les professeurs de droit, les deux principaux objets de consommation : le pain et la viande.

La caisse de l'école était autorisée à percevoir :

1 denier par setier de blé cuit aux fours de la ville ; et

2 deniers par bœuf, vache ou porc, abattu aux boucheries.

L'inventaire écrit en langue romane (1), qui nous révèle ce fait, donne pour date, à cette délibération, le 2 février 1279 (1280).

Un autre inventaire, moins ancien, rapporte comme étant de 1289, une délibération autorisant les consuls à créer deux chaires, une de droit canon, et l'autre de droit civil, et à s'accorder avec de bons maîtres pour cinq ans.

Il n'y a pas impossibilité de concilier ces deux délibérations : on peut admettre sans trop d'invraisemblance qu'en 1279, quelques citoyens ont fait voter la création d'une école de droit, et même le projet d'imposition destinée à payer de bons professeurs ; qu'en 1289, le produit déjà encaissé de la taxe sur le pain et la viande aura permis de faire un pas de plus en avant.

Il ne faut pas compter découvrir à la Mairie des pièces qui éclairent la solution de ce problème.

M. de Rozière a publié en 1870 *les seuls documents* déposés aux archives concernant l'école de droit (un pouvoir et deux marchés) (2).

Le conseil charge les consuls de trouver des professeurs de façon à ouvrir les cours à la Saint-Michel 1290.

Le 6 du mois de mars 1290 (et non 1291, car à Avignon

---

(1) Cet inventaire date de 1439 ; il fut fait par Louis de Caussargues.

(2) Bibliothèque de l'école des Chartes, tome XXXI, année 1870, p. 51. Les textes publiés de cette procuration et des deux marchés renferment quelques inexactitudes ; le traité fait avec Soquier surtout aurait besoin d'être redonné. On va en juger par un seul trait. Au lieu de Raynaud Soquier, j'ai lu Bertrand Souquier. Et enfin l'acte semblerait établir que déjà le cours a commencé : legens in legibus in civitate Avenionensi presensque in villa de Alesto.

l'année commençait au 1ᵉʳ janvier), Soquier traite avec la ville.

Son engagement est de quatre ans, résiliable cependant après deux ans.

Tant qu'il occupera sa chaire. la ville peut compter sur ses bons conseils pour les procès qu'elle aurait.

La ville lui versera 70 livres par an, payables par moitié à la Noël et à la Pentecôte : elle payera même un suppléant, s'il en fallait un.

Voilà la chaire de droit civil pourvue d'un titulaire.

Pour celle de droit canon, on avait entamé de droite et de gauche des démarches ; les candidats ne manquaient pas.

On était à la veille presque de l'Ascension, quand il fut question d'un chanoine de Maguelonne, Jean de Montlaur.

Malheureusement les Consuls pouvaient difficilement se mettre en route pour Montpellier ; on approchait de la grande fête de *la Caritat* (1).

Il fallait stimuler le zèle des particuliers et des confréries, indiquer à chaque échelle où elle devait porter ses sacs de blé, surveiller les meuniers chez qui l'habitude du vol étouffait tout sentiment de compassion pour les pauvres, parlementer avec les boulangers fatigués chaque année, chaque année, de cuire le pain destiné aux malheureux, moyennant un salaire fixé à une époque où les frais généraux de panification étaient insignifiants, tant il y avait du bois mort, dans les forêts, qui ne coûtait rien.

Néanmoins le nom seul de *Jean de Montlaur* valait la peine de se déranger.

Il y avait eu jadis un évêque de ce nom à Maguelonne de 1234 à 1247, et ce prélat s'était beaucoup occupé des questions pédagogiques ; c'est lui qui avait donné des

____

(1) Le jour de l'Ascension ; la coutume de *la Caritat* existait à Nîmes, à Montpellier et dans bien d'autres villes. On trouvera la description détaillée de cette distribution de pains aux pauvres dans la Revue des langues romanes de 1888, je crois.

règlements à la Faculté des arts de Montpellier, et c'est sans doute d'un de ces neveux dont on voulait faire le titulaire d'une chaire de droit canon à Alais.

Après six siècles, il nous est difficile de savoir quel était ce Jean de Montlaur, car le chapitre de Maguelonne possédait, cette année-là, deux chanoines de ce nom : l'un, docteur ès-décrets, prieur de Saint-Firmin de Montpellier en 1301, mort archidiacre de Maguelonne, mais qui peut-être en 1290 n'était archidiacre que de Montbazin ; l'autre, surnommé le jeune, prieur de la Vérune en 1313.

Nous aurions tort de chercher plus longtemps à bien préciser quel était ce Jean de Montlaur qui refusa carrément les offres à lui faites par le mandataire de la ville d'Alais ; heureusement qu'on avait encore de la marge pour être en mesure d'ouvrir l'année scolaire 1290-1291, dans d'excéllentes conditions, avec un bon professeur de droit canon.

La ville traita, dès le mois de juillet, à Orange, avec un chanoine de la cathédrale de Vaison, docteur ès-décrets, appelé Armand de Jeco ou Joco.

Son cours, comme celui de Soquier, devait commencer à la Saint-Michel, et le programme des leçons être combiné de façon à finir dans l'année le livre entier des décrétales, conformément à l'usage.

La ville lui assurait un traitement fixe de 40 livres, payables, moitié le jour de l'ouverture de son cours, et moitié à la mi-carême.

Elle fournirait en outre un local assez spacieux, pour qu'en dehors de la salle des conférences, il y eut de quoi loger et le professeur et quatre pensionnaires (*socii*) (1).

Le mobilier proprement dit de l'école et des appartements servant à l'habitation du professeur et de ses élèves restait à sa charge. Pour l'école, qu'est-ce qu'il fallait en somme ? une chaire et quelques bancs.

---

(1) L'éminent M. de Rozière a, dans la notice déjà citée, étudié le véritable sens de ce mot.

Une clause singulière de ce contrat, c'est que le professeur s'engageait à attirer à son cours le plus grand nombre d'auditeurs possible.

Les consuls s'interdisaient la faculté d'organiser pendant l'année une seconde chaire de droit canon, mais comme à cette époque ils ne pouvaient empêcher personne d'ouvrir à Alais un cours libre, (ce qui amènerait une diminution dans le nombre des élèves payants du cours officiel et municipal), ils s'engageaient dans ce cas à payer au professeur une indemnité de 10 livres. (50 au lieu de 40.)

Le traité prévoit enfin plusieurs cas de résiliation.

Si les leçons sont suspendues en vertu d'une décision soit de Philippe le Bel, soit de Pierre Pelet, coseigneur (1) d'Alais, Arnaud de Jeco n'en aura pas moins droit à l'intégralité de son traitement. Mais si le traité fait avec lui ne recevait pas sa complète exécution, soit par la maladie du maître, soit en vertu de quelque cas canonique, la ville n'aurait à verser qu'une part du traitement proportionnelle au temps couru à ce moment.

Les vieux inventaires contiennent quelques renseignements sur la durée et la clôture des cours de ces deux professeurs ; ils mentionnent même le nom d'un autre maître, le traitement qu'il reçut et la nature de la chaire qu'il occupait.

Soquier se brouilla avec la municipalité. Les deux parties acceptèrent un notaire Me Gaucelin Pelhier comme juge. (17 Kalendes de novembre 1291). Dès que la sentence eut été rendue, la ville paya ce que l'arbitre avait décidé.

---

(1) Philippe le Bel était à la fois coseigneur et suzerain de Pelet. En 1302, il avait donné a Jean de Chalon, sire d'Allay, une rente perpétuelle de deux mille livres, sans préciser sur quelles terres elle serait assise. Il fut sur le point de lui céder ce qu'il possédait à Alais, mais il se ravisa. Voir pour les détails les historiens qui ont traité de la réunion de la Bourgogne à la France, qui n'ont pas connu du reste la pièce existant aux archives d'Alais, à la date du 3 des nones de juin 1304.

Soquier avait chargé quelqu'un de passer pour lui chez le clavaire, et de lui envoyer son argent (décembre 1291).

Quant à Arnaud de Jeco, le trésorier de la ville lui compta le 5 des ides de juin 1292, 55 livres. Il est donc probable qu'il professa pendant plus d'un an.

Les personnes, qui s'occupent spécialement de l'histoire du droit romain au moyen âge, parviendront, au moyen des inventaires déposés aux Archives, à éclaircir quelques points encore obscurs de cette école.

Il serait surtout important de connaître les causes de sa suppression.

Qui fit défaut ? le maître ou les élèves ?

Il serait, je crois, ridicule d'admettre que le nombre de professeurs libres fut tel que la ville n'eut plus à s'en occuper.

Je présume que la masse trouva bientôt ennuyeuses les impositions affectées à un service public dont l'importance lui échappait (1).

II.

Quoiqu'il en soit, ce dut être une douleur pour les hommes distingués que possédait Alais. Je vais en signaler deux ou trois.

1° En conflit avec la papauté, la royauté tient à avoir l'opinion des dominicains de Montpellier. A leur tête comme prieur, se trouve placé Jean Gobi, qui a encore

---

(1) Philippe le Bel, en augmentant les impôts royaux, força la ville à diminuer les centimes communaux affectés dans son budget aux écoles.

Il y eut vers la même époque une réforme électorale dans un sens *démocratique*.

Nous employons des expressions modernes comme *centimes*, *démocratique*, pour mieux nous faire comprendre.

tous ses parents, bourgeois ou marchands en soierie, à Alais, son pays natal (1).

Jean Gobi sait résister au roi avec dignité (28 juillet 1303.)

2° Clément V déclare, dans une bulle signée à Avignon le 8 janvier 1309, qu'il s'est inspiré pour les règlements qu'il vient de donner à l'école de médecine de Montpellier, des conseils d'un ancien professeur très remarquable de cette faculté : Jean d'Alais (2).

Plus que le droit, plus que la médecine, plus que le conflit de Boniface VIII avec la royauté, les discussions et controverses théologiques passionnaient le monde savant d'Alais.

Le 16 décembre 1324, il était mort un brave homme qui devait bien aimer sa femme, pour venir chaque jour pendant trois mois, la consoler et lui apporter les nouvelles du paradis. Ah, on y était fameusement bien là-haut, là-haut, et quelle compagnie : les saints, les anges, Dieu !

Malheureusement tous ces racontars d'oultre ciel renversaient les idées soutenues à Avignon par le pape : d'après Jean XXII (3), les âmes des justes même contemporaines de la création ne voyaient pas Dieu ; restées *dans le sein d'Abraham* jusqu'à l'ère chrétienne, elles s'étaient réfugiées *dans le corps du fils de l'homme*, où pour contempler Dieu, tout le monde, juif ou chrétien, devait attendre patiemment la résurrection des corps et le jugement dernier.

Un parent de Jean Gobi, son neveu sans doute, et comme lui dominicain, peu pressé d'aller voir qui avait raison, soit du Pape, soit de la veuve, passait son temps à composer un répertoire d'anecdotes morales, qui fut souvent

---

(1) Voir sur la famille Gobi :

Archives nationales (J. 320 n° 5). Jean Gobi, d'après une pièce qui existe encore aux Archives d'Alais, était chez ses parents, le 3 juin 1303.

(2) Histoire de la commune de Montpellier, par Germain, *passim*.

(3) Ménard, Histoire de Nîmes, tome 2, page 136.

imprimé au xve siècle (1). Ainsi que l'a remarqué un savant allemand, son livre intitulé l'*Echelle du ciel* n'offre pas pour monter au paradis une route bien sûre, à cause des plates bouffoneries et des contes ridicules dont il est rempli. J'y ai vainement cherché quelques traits pouvant enrichir l'histoire d'Alais à cette époque.

Bref, littérature, droit, médecine, théologie, toutes les branches des connaissances humaines avaient leurs représentants à Alais.

Le jurisconsulte le plus en renom de Montpellier était d'Alais : Etienne Trouche. Du reste, de siècle en siècle, Alais aura l'honneur de donner à la France des juristes consommés.

La ville commençait peut-être à montrer moins d'ardeur pour l'instruction publique.

Les documents. en tout cas, nous manquent.

Je n'ai rencontré, dans les minutes si rares du xive siècle, que deux contrats se rattachant à la question. Au folio 253 du volume des notes de Jean de Tresmonts, notaire (année 1340), on lit un bail par une femme à Blaise Ducros, prieur de Saint-Jean-du-Gard, du rez-de-chaussée de sa maison sise rue Soubeyranne, pour servir d'école (2).

Un autre acte nous montre un clerc qui se loue pour aider Ducros à élever ses élèves ; il promet d'avoir soin du jardin, d'octobre 1340 à la Pentecôte 1342, et il ne demande comme récompense de ses services que le logement. Est-ce un individu qui voulait travailler pour augmenter son instruction personnelle ? aspirait-il à être maître

---

(1) Histoire littéraire de la France, tome 24, page 372.

(2) Ce volume fait partie actuellement des minutes de M. Malzac, notaire à Alais.

La rue Soubeyranne a eu la bonne fortune de conserver jusqu'à aujourd'hui son nom. Il y avait jadis a une de ces extrémités une chaîne ; d'où en latin : carreria superior catenæ ; en dessous, on disait rue de la Chaîne, de la *cadéne*.

un jour, ou bien voulait-il simplement apprendre à écrire et devenir copiste, comme Fort Etienne qui, le 2 avril 1341, s'engageait à copier pour Me Grégoire Pelhier, notaire, dans *huit semaines*, et d'une bonne écriture, le texte et les gloses d'un livre des Clémentines, au prix de 4 livres tournois déposés entre les mains d'un tiers qui ne devait les lui compter qu'après l'achèvement de l'œuvre.

III.

La guerre de cent ans commence. Le pays consacre toute son énergie, toutes ses ressources contre les Anglais et les routiers. Les registres consulaires, les pièces de comptabilité ont disparu.

Le budget de la guerre absorbe tous les fonds disponibles.

C'est à Montpellier que vont maintenant les jeunes gens qui veulent étudier le droit (1).

Les Dominicains et les Cordeliers ont chacun un *magister puerorum*, un maître chargé des novices.

La ville a ses écoles grammaticales dont elle entend confier la direction à qui bon lui semble. Le clergé a beau protester ; une délibération du 28 octobre 1427 recommande aux Consuls de défendre l'honneur de la ville contre la moindre atteinte ; la collation de la direction de l'Ecole ne regarde personne.

Les sacrifices faits par la ville pour l'instruction ne sont pas importants, et l'instruction publique ne semble plus figurer au budget communal. Que dis-je ? Guillaume Chabanon, recteur des écoles grammaticales, va recevoir une assignation pour refus de paiement des contributions de la maison où il fait son cours. (Délibération de 1432, folio 16). Il renonce à une carrière si ingrate.

------

(1) Gille de Monteils, marchand, d'Alais, envoie à son fils Pierre, étudiant en droit canon à Monpellier 24 francs d'or (acte du 13 avril 1384).

Il est fort probable que c'était au nom de la ville que le bail était passé, et puisqu'on payait le loyer, on eut bien pu faire un petit sacrifice de plus.

De temps en temps, les registres consulaires quand ils sont bien tenus, font mention soit d'un changement de local, soit d'une mutation dans le personnel enseignant (1).

Au milieu du xve siècle, le dernier descendant mâle des Pelet meurt ; la Providence n'avait pas voulu que l'héritier du vainqueur d'Antioche et de Tortose vit tomber Constantinople entre les mains des Turcs.

Le titre de la seigneurie d'Alais a été acquis par un magistrat (2) que Louis XI envoie à Rome comme ambassadeur ; il y fait les affaires de son maître... et les siennes.

Désormais la ville d'Alais aura un chapître, composé de dix chanoines dont la nomination appartiendra au nouveau baron ; l'église de Saint-Jean sera une église collégiale. L'abbé de Cendras y a consenti ; il n'était que crossé, le voilà, à l'avenir, crossé et *mitré* ; mais les honneurs se payent ; il faut qu'il renonce, en faveur du chapître, aux revenus du prieuré d'Alais. — Les possesseurs des autres prieurés, formant la dotation de la nouvelle collégiale, ne se montrèrent pas aussi accommodants. Quelques-uns osèrent prétendre que la bonne foi du Pape avait été surprise, qu'on avait exagéré l'importance du pays.

Une enquête et une contre enquête, de 1481, établirent la vraie situation d'Alais, qui comptait 600 maisons, bien que la peste de 1451 eut enlevé 1,800 personnes ; ce

---

(1) Au 13e siècle, j'ai pu relever les noms des 4 Consuls pour 20 années ;
    Au 14e » » » pour 66 années ;
    Au 15e » » » pour 70 années :
mais les registres des délibérations de ces trois siècles sont très peu nombreux.

(2) Jean du Vergier, président du Parlement de Languedoc ; il fonda un collège à Montpellier.

long document, qui a été déjà analysé dans un recueil, ne parle pas de l'enseignement ; on y dit qu'il y a aux Dominicains quatre maîtres en théologie, que la ville a des licenciés, des bacheliers ès-décrets, et trois jeunes étudiants soit à Toulouse, soit à Avignon.

On objecta aux Alaisiens que si leur ville était aussi importante qu'ils le prétendaient, elle aurait plus d'un médecin diplômé ; ils répondirent, avec finesse, que tous les autres étaient morts victimes de leur dévouement pendant l'épidémie de 1451.

On ne leur reprocha pas leur mauvaise installation scolaire ; preuve qu'elle devait être analogue à celle des pays voisins de même importance.

Nous possédons le traité passé avec le recteur de 1488.

Au point de vue dé la rétribution scolaire, les élèves étaient partagés en trois catégories :

La première division, composée de ceux qui commençaient à lire, payant un demi-gros par mois (1) ou cinq sous par an ;

La deuxième, payant 10 sous tournois par an ;

La troisième, ceux qui *lisaient depuis le doctrinal* jusqu'à la logique et autres sciences, payant 1 gros par mois, ou 15 sous pour toute l'année.

15 sous, c'est-à-dire par conséquent, le tiers de ce que valait, à cette époque, une salmée de blé.

Une disposition à noter, c'est que l'année commencée était due en *entier*, sauf les cas de force majeure.

---

(1) Un pataque = deux deniers ;
 Un blanc = quatre pataques ;
 Un gros = douze pataques = deux sous ;
 Un franc d'or = seize gros.
L'année scolaire était de dix mois.

Le tarif avait été combiné de façon à engager les parents à ne pas retirer les enfants dans le courant de l'année.

IV.

Nous voilà parvenus à l'aurore de la Renaissance, on ne s'en douterait pas à Alais.

On change de personnel et de local aussi fréquemment qu'au XVe siècle (1).

----

(1) Octobre 1442. Un dominicain, maître en théologie, offre à la ville de diriger les écoles municipales *bene et recte* ; il y tiendra un bachelier capable, aux gages ordinaires (baccalarium sufficientem).

1450. Jean Martin, prêtre ; on le chargea de faire à l'Eglise, le 1er janvier, l'allocution aux nouveaux Consuls.

1460. Pierre Borzasin.

1473. Pierre Meynadier.

1444. Contrat de location, rue Verrerie, au coin de la rue de la Gougé.

1447. Contrat de location, rue d'En Romá, près le portail Daude, à 45 sous par an. Ce nouveau local, dit-on, était plus spacieux que l'ancien.

Juillet 1501. Antoine Alteyrac.

Octobre 1503. Antoine Vilaret. (Délibération du juillet 1503, fo 28.)

Août 1504. Pierre Raymond (sans suite).

— 1505. Vacance.

Octobre 1506. Gilles Nibonis ? et Vital Nicolas ou Nicolay.

Octobre 1507. Jean de Serres, prêtre, maître ès-arts.

— 1508. Etienne Blaquière.

— 1509. Michel Vals et André Leyris, maître ès-arts.

— 1510. Jean Nadal, prêtre, et Pierre Folquet, maître ès-arts.

Le propriétaire de la maison où sont installées les écoles ne veut plus la louer. On le supplie d'accorder un sursis, au moins jusqu'à la Saint-Michel, afin qu'on se pourvoie ailleurs. Il n'entend rien, et met à la porte maître et élèves. Pauvre recteur qui intercède vainement auprès des conseillers afin qu'ils veuillent bien louer ailleurs.

Octobre 1511. (Noms que je n'ai pu déchiffrer).

—   1512. »

Mai   1513. Pierre Folquet.

Juin   1514. Jean de Mirabel, maître ès-arts de Mirabel, diocèse de Limoges, et André Esparvier, originaire de Bagnols, diocèce d'Uzés.

        1516. Claude de Croze, maître ès-arts, originaire de Génolhac.

        1517. André Esparvier et Claude Nadal, de Génolhac,

        1518. André Esparvier et Jean Radaysse, dit d'Aurilhac (parce qu'il était de cette ville.)

        1519. Jean Radaysse.

        1520.   —

        1521.   —   ; il meurt d'une épidémie, et l'Ecole est fermée jusqu'à la St-Luc 1522.

St-Luc, 1522-1424. Philippe Garnier, d'Embrun.

—   1524-1525. Antoine Veziac, de Bizac, et Benoit Quital, de Grenoble.

—   1525-1526. Antoine Veziac, de Bizac, et Claude Fabre.

—   1526-1527. André Esparvier, Robert Rudanel et Claude Nadal.

—   1527-1528. Les mêmes, moins Esparvier.

—   1528-1529. Pierre Corserie et Antoine Perès, clerc.

—   1529-1530. Barthélemy Vernet, maître ès-arts, de Codognan.

Pour se débarasser de lui (peut-être méritait-il cét affront), le Conseil vote que pendant les vacances de 1504, sera toujours temps, s'il vient un maître capable, de lui chercher un local.

Le 13 août 1504, il se présenta un régent, Mᵉ Pierre Raymond, il avait avec lui un collègue ; sept jours après avoir traité avec eux, on annula le contrat ; très probablement, c'était la faute de la municipalité qui ne put trouver coup sur coup un local convenable pour les installer.

Aussi, afin de ne plus s'exposer au même désagrément, la ville entra en pourparlers avec les Cordeliers qui avaient un local vacant.

L'année scolaire 1506-1507 commença bien.

Le lundi de Pâques 1507, maîtres, élèves, juge, avocats, chanoines, tout le monde prit la fuite, conformément à l'usage, dès qu'une épidémie se déclarait.

Et à la rentrée on changea de maître. Pauvre collège ! Pauvres professeurs qui passaient d'une ville à une autre, espérant rencontrer une situation meilleure !

1ᵉʳ oct.-16 oct. 1530. Théophrède Raverio et Guillaume Mathis.

24 octobre 1530. Jacques Burdeus, ex-professeur à Nimes en 1528, et Pierre Chamor.

20 octobre 1531. Pierre Chamor, intrus. Chamor ou Chamier.

13 nov. 1531-1532. Antoine Brunel, de Sainte-Marie de la Rouvière, et Poujol Pierre, de Saint-Jean-du-Gard.

1ᵉʳ oct. 1532-1533. Vital Bernard dit Bataillé, d'Auroux près Langogne.

1533-1534. Guillaume Evesque.
Gaspard Cavard.

Nous avons cru, à cause de son importance, devoir composer cette note en gros caractères.

La ville n'était pas assez généreuse ; croyait-elle avoir fait tout ce à quoi elle était tenue en conscience, quand elle avait inscrit à son budget le loyer de l'école, *4 livres*, c'est-à-dire une somme équivalente à ce qu'elle donnait à l'horloger chargé de l'horloge de la ville, à ce qu'elle allouait au prédicateur de l'avent, à ce que valait une *salmée de blé* (1).

Et pourtant, il faudrait être plus large que jamais.

Car 1° Les écoles monastiques ont disparu totalement ; 2° Le chapitre de la collégiale ne s'occupe pas de l'éducation des enfants ; 3° Les villes voisines, Nimes surtout, font des sacrifices considérables ; 4° La foi est menacée.

Les Dominicains se disputent entre eux ; les uns veulent chasser du couvent le frère Jean des Vals ; les autres disent, que depuis 10 ans, Jean des Vals est leur commensal et qu'il restera. On demande à la ville ce qu'elle en pense ; les consuls répondent aux religieux que ça ne les regarde.pas (2).

Les Cordeliers, plus sympathiques à la population, s'attirent de temps en temps de vertes semonces à cause de leur inconduite. Qui aime bien châtie bien ; les religieux courbent la tête parce qu'ils se sentent coupables. Ainsi en 1526, (4 juillet), on les signale comme aliénant une partie de leurs immeubles ; le Conseil vote un blâme contre les moines qui dissipent l'avoir du couvent.

Les chanoines ont eu à soutenir tant de procès, contre les précédents titulaires des prieurés réunis à la mense capitulaire, qu'ils n'ont même pas encore payé à d'Astros, banquier à Avignon, les frais de bulle de leur établissement.

Quant aux symptômes de l'ébranlement de la foi, nous en présenterons un jour le tableau complet.

Je vois un prêtre qui démissionne (1515) ; une femme accusée d'hérésie (1516).

---

(1) La salmée vaut un peu plus de vingt décalitres.

(2) Délibération du 25 septembre 1510.

Cela n'est rien, tous les siècles ont compté des apostats et des hérétiques, mais ce que l'on ne voyait pas avant, c'est la lutte presque constante entre les laïcs et le clergé ; ce sont des faits comme celui-ci par exemple.

Le jour de Pâques 1518, le doyen chantait la grand'messe ; la foule était immense, et heureuse d'entendre prêcher le révérend Me Fabre, professeur en théologie.

Le doyen était-il pressé, était-il mécontent de la doctrine enseignée du haut de la chaire, toujours est-il qu'il se mit à entonner la Préface sans attendre la fin du sermon.

Le Conseil se rassembla le 6 avril 1518, et décida, à l'unanimité, de demander la réparation d'un tel scandale.

En 1523, le 8 juin, le dimanche dans l'octave de la Fête-Dieu, en pleine rue, surgit une vraie bataille entre les prêtres chargés de porter les torches du clergé, et les gens qui portent celles de la mairie ; les uns et les autres veulent la place d'honneur, derrière l'officiant ; on est obligé de dissoudre la procession.

Le Conseil municipal, dans sa délibération, invite les chanoines à *faire leurs devoirs envers Dieu !*

On abandonne la langue latine, la langue de l'Église, pour la rédaction des procès-verbaux des séances du Conseil.

Non pas que toute la population soit décidée à rompre avec ses vieilles croyances. Certes, non, l'auberge qui s'ouvre la même semaine prend pour enseigne l'image de Marie Madeleine comme les Guiraud ont Saint-Georges, et les Leyris une croix blanche.

V.

Cette fois, la ville semble enfin sortie de cette mauvaise période.

André Esparvier, maître ès-arts, bachelier ès-lois, va recommencer l'œuvre qu'il avait entreprise dix ans auparavant, mais dans de meilleures conditions de succès.

Il a sous ses ordres deux bons professeurs :

Robert Rudanel et Claude Nadal ou Natalis, maîtres ès-arts ; il leur garantit à chacun *40 livres* par an, sans compter ce qu'ils recevront, soit des pensionnaires, soit des leçons particulières des externes.

Esparvier se réserve la direction générale des études, avec le droit de donner deux leçons par jour, si cela lui plaît. Il a accepté, dans les contrats passés avec ses professeurs, tout ce qu'ils ont voulu. Ainsi quitteraient-ils la ville, en cas d'épidémie, de suite ils recevront le prorata de leur traitement couru au jour du départ, sans aucune retenue. Nadal a été encore plus exigeant ; il paraît qu'il a l'habitude de commencer ses vacances à la Saint-Jean ; peu importe, eh bien, il partira ; et Esparvier continuera le cours, que dis-je, bien mieux, il comptera, de sa propre bourse, à Rudanel, une solde supplémentaire de *six livres* pour le surcroit de travail qu'il aura après le départ de Nadal.

La rentrée des classes fut splendide, (Saint-Luc 1526), et l'enthousiasme fut général.

Le 27 janvier suivant, la ville ajouta à ses statuts un article solennel : voici, la délibération qui mérite d'être reproduite en entier :

« Les Consuls ont expliqué qu'il y a dans la ville plusieurs familles pauvres ayant des garçons intelligents ; elles ne peuvent les envoyer à l'Ecole...... La cité laisse échapper une moisson d'hommes instruits et sages, et a la douleur de les voir devenir des vauriens, courant dans la ville, maraudant dans les champs. Cette situation mérite un prompt et énergique remède bien simple :

La gratuité de l'enseignement pour tous les enfants d'Alais.

La ville inscrira, chaque année, à son budget, l'indemnité due aux professeurs des écoles grammaticales (1). »

----

(1) Explicaverunt cum in presente villa sint complures personæ pauperes habentes liberos masculos boni ingenii et intellectus non habentes de quibus illos possint tenere in scolis...... et forte essent boni cleri et

Par un vote spécial on évalua à 25 livres tournois la charge qu'on venait d'imposer au maître régent.

Une fois l'affaire organisée, Esparvier se retira ; car c'est Rudanel qui, pendant l'année scolaire 1527-1528, plaida contre certains écoliers qui ne voulaient pas payer, sous le prétexte qu'ils étaient presque d'Alais. Rudanel soutint que les enfants, *nés à Alais*, jouissaient seuls de la gratuité.

Il importe de bien se rendre compte de la difficulté. Alais était la *principale localité de la viguerie d'Alais*, et, à cette époque, la viguerie était la grande unité *administrative* au point de vue financier. En temps de guerre, tous les viguerains avaient la faculté et même l'obligation de se transporter au chef-lieu de la viguerie, au castrum, destiné à abriter leurs personnes et leurs biens. Mais ils étaient tenus de contribuer aux réparations du château-fort, et à monter la garde à leur tour. La Royauté avait ancré encore plus cette idée dans leurs cerveaux, en réclamant les impôts *par viguerie*, impôts qui étaient, pour la population, le rachat pécuniaire du service militaire, ou de prestations en nature fondées sur des titres féodaux.

Mais la surface de la viguerie était trop considérable pour qu'on étendit la gratuité à tout ce monde là, d'autant que déjà le château-fort comtal du chef-lieu ne servait plus à la défense de tous les viguerains ; l'on n'avait voulu exempter que les *habitants* de la *paroisse d'Alais*, habitants dans le vrai sens du mot, et l'étudiant, qui venait résider à Alais, n'était pas un habitant *sensu stricto*.

Rudanel, d'autre part, en faisant du lieu de la naissance

----

valentissimi, et non discurrerent per villam et vicos... petierunt ob ideo si velint que fiat statutum.

Dabitur rectoribus scolarum villæ una certa et competens, pecuniæ summa per villum et universitatem alesti et que dicti rectores teneantur edocere et instruere pueros sive scolares dictæ villæ absque alio pretio sive mercede.

dépendre uniquement le bénéfice de la gratuité, se montrait un peu trop avide. Celui qui, depuis de longues années, avait transféré son domicile à Alais, sans esprit de retour, était en réalité un Alaisien.

Si le maître avait tort, les parents étaient encore moins raisonnables ; pour eux, ils étendaient la gratuité aux accessoires de la rétribution scolaire.

Or, à cette époque, outre le prix des classes, prix que nous avons indiqué pour quelque années, pour 1488 notamment, les étudiants avaient encore à payer les *collectes* et les *normes*, c'est-à-dire les quêtes périodiquement faites dans les écoles à certaines fêtes, et les indemnités accordées à certains individus chargés de *la police de l'école* (1).

Les parents Alaisiens ne voulaient absolument payer ni collectes ni normes ; ils avaient tort, et la preuve, c'est que le Conseil municipal, tribunal essentiellement compétent pour résoudre la question, permit à Pierre Corsery, clerc, maître ès-arts, auquel il allouait 25 livres, de continuer à exiger collectes et normes (2).

A la Saint-Luc de 1529, Barthélemy Vernet, maître ès-arts, né à Codognan, fit à la ville de bonnes conditions ; il promit notamment d'avoir un coadjuteur capable.

Ça marcha bien jusqu'à Pâques ; pour se reposer, il alla passer la semaine sainte dans sa famille ; quand il revint, les portes étaient fermées, (on craignait la peste) ; il demanda aux Consuls la permission de rentrer et ne l'obtint qu'après plusieurs suppliques ; les cours furent interrompus.

Ai-je bien lu les noms de ses successeurs ? je crois qu'il y a : Théophrède Raverio et Guillaume Mathis ; en

---

(1) La bibliothèque de la ville de Nimes n'a pas la nouvelle édition de Ducange !! Celle de 1733 que nous possédons ne nous a pas permis de contrôler si l'explication que nous donnons du mot *norma* est exacte.

Peut-être est-ce le bénéfice fait sur le logement et la nourriture des pensionnaires:

(2) Délibération de 1528, folio 200.

tout cas, dès leur installation, ils eurent maille à partie avec la ville. Le 16 octobre 1530, ils avertirent la municipalité que le traitement alloué ne suffisait pas ; ils ne resteront que, si comme par le passé, tout le monde paye, indigène ou forain.

Les Consuls se fâchèrent et nouèrent des pourparlers avec Jacques Burdeus, ex-recteur des écoles d'Uzès, qui pourtant n'offrit d'accorder la gratuité aux Alaisiens qu'à condition d'avoir un traitement de *40 livres*. Et Jacques Burdeus ajoutait dans sa demande, que l'on voulut bien *de suite* statuer sur son offre, car il pourrait traiter, à son tour, avec un bachelier, qu'il avait actuellement sous la main, pour adjoint. Afin de lui répondre plus vite, on convoqua à la hâte le Conseil *étroit* ; (1) tous les conseillers, sauf Antoine de Porcairargues, (2) dirent qu'il fallait traiter quand même ; trois jours après, l'engagement était signé.

---

(1) Les Consuls administraient les intérêts locaux, à peu près en toute liberté. A côté d'eux, ils appelaient dans les cas difficiles, quelques-uns de leurs prédécesseurs et quelques notables. C'était ce qu'on appelait le *Conseil étroit.*

Le Conseil général n'était réuni qu'une fois par mois, en moyenne. Il comprenait tous les citoyens qui avaient été honorés de la dignité consulaire, et les délégués de chaque échelle.

Les conseillers étroits étaient convoqués par le valet de ville, à domicile. Pour le Conseil général, la grande cloche de Saint-Jean sonnait trois fois pendant un gros quart d'heure.

(2) La particule n'indique pas la noblesse ; celui-ci était un savetier dont voici la généalogie :

1470. André de Porcairargues 1470, savetier, comme ses ancêtres vus
        | depuis 1340.
1500. *Antoine* de Porcairargues, second consul en 1527, époux Constant,
        | Antonie, fille de Jacques Constant, savetier.
1540. Alexis de Porcairargues, époux Francoise de Leyris, morte très
        | âgée en 1600.
1574. Bernard de Porcairargues, bourgeois, écuyer en 1576, époux Marguerite de Sarret qui se remaria avec Guillaume
        | de Got, sieur de la Brosse.
1600. Jeanne de Porcairargues, femme André Ducamp, orfèvre.

VI.

Jacques Burdeus, né à Saint-Symphorien près Lyon, s'était engagé à ouvrir le 24 octobre, pour fermer fin août 1531.

Son coadjuteur vint de suite ; il s'appelait Pierre Chamor ? Chamet ? Chamier ? Burdeus lui assurait *20 livres* d'appointement fixe ; quel que fut le nombre de ses élèves et de ses leçons particulières, il ne gagnait pas davantage, l'excédant devant revenir à Burdeus. Quant aux collectes et aux normes, on partagerait. Le maître adjoint aurait à tenir compte de moitié du loyer des chambres particulières des pensionnaires.

Le contrat passé entre eux dit que chacun fera tout son possible, pour bien instruire la jeunesse qui leur sera confiée.

Fin août, Burdeus lâcha le poste, comme il en avait le droit.

Son collaborateur s'entêta à vouloir rester, quoique la ville, à cause de sa jeunesse, ne voulut pas de lui comme recteur principal du collège ; il se mit en tête de se faire installer par autorité de justice ; il obtint à cet effet certaines lettres de maintenance du Présidial de Nimes,

---

1600. Elisabeth de Porcairargues, femme Astier Jean, apothicaire.
1600. Jean de Porcairargues, époux Jeanne de Larboux, frère de Jeanne.
1625. Louise de Porcairargues, femme Pierre André, marchand.
    Jacquette de Porcairargues, femme Isaac de Guiraud, sieur de Tourevieille, etc.
Nous aurions pu donner pour beaucoup de noms Alaisiens des tableaux généalogiques aussi complets ; mais il faudrait avoir beaucoup de gens disposés à faire quelque sacrifice pour connaitre tous leurs ancêtres, et je dois dire que je crains bien, pour mes notes, le sort de tant de documents qui vont échouer à 10 cent, le kilogramme chez les débitants de tabac.

et en vertu d'une ordonnance, le 20 octobre 1531, il fesait peindre sur la chaire de la maison d'école une fleur de lys, et signifier aux Consuls une injonction en règle de ne plus s'opposer à l'exercice de ses droits.

Quels droits ? Est-ce que la ville, de tout temps, n'a pas eu la liberté de choisir ses instituteurs ? Ce serait raide de voir une ville de 4.000 âmes, (800 feux à 5 personnes par feu) se laisser mener par un moutard, encore en puissance paternelle, qui avait osé sans qualité attaquer la ville ; au moins eût-il dû se faire habiliter à ester en justice par son père !

Le gouverneur de la Comté, M. Jacques de Mirabel, seigneur de Villar et Massanes, engagea les Consuls à ne pas apporter tant d'entêtement, tant de faux amour-propre dans cette affaire ; il fallait ne voir que les talents du professeur, eh bien n'en valait-il pas un autre ?

La délibération du 30 octobre 1531 fut très sèche : on y invitait M. de Mirabel à ne pas s'occuper de ce qui ne le regardait pas, et on chargeait les Consuls de veiller à l'exécution entière des votes intervenus contre le jeune Chamet.

Ne se contentant pas de paroles, le Conseil fit mieux ; il concéda les écoles, le 13 novembre 1531, à Antoine Brunel (ou Bremoncelli) de Sainte-Marie de la Rouvière (diocèse de Nimes), et à Pierre Poujol, de Saint-Jean-du-Gard (1).

On crut même avoir fait une brillante opération financière, car les deux nouveaux venus se contentaient de 25 livres ; ils comptaient se rattraper sur les collectes des enfants du pays, sur les pensions des étrangers.

Leurs prévisions furent déçues ; à la fin de décembre, Brunel réclama une indemnité ; la cherté des vivres avait entraîné la hausse du prix des pensions ; on n'en

____

(1) De Brunel à Bremoncelli, il y a loin ; mais qu'on veuille bien m'excuser. J'ai pris mes notes à Alais il y a déjà cinq ans, et je n'ai pas eu l'occasion encore de revoir les Registres de la mairie pour vérifier quel est le vrai nom de ce maître.

trouvait pas, disait-il, à moins de 15 sous tournois par mois. Le Conseil tempêta, ces écoles ruinaient la ville. Un apothicaire, Jean Massayre, blâma ses collègues, et après leur avoir rappelé un aphorisme toujours vrai, que quand on avait un bon serviteur, il fallait savoir se l'attacher, par quelque sacrifice, il ajouta qu'il donnerait vingt sous *du sien*, plutôt que de voir s'en aller Brunel.

Un autre conseiller enhardi prit la parole. « Votons un supplément, on a eu assez de peine à trouver un maître ; si Brunel s'en va, c'est à nous que les parents reprocheront la fermeture de l'école. On dirait dès qu'il s'agit de voter des fonds pour l'instruction publique que les contribuables nous censureront. Eh bien, je demande hautement :

1° Une augmentation de traitement pour Brunel ;

2° L'inscription, au chapitre des dépenses accidentelles, des frais de voyage de Pierre Boissier qui alla à Montpellier chercher Brunel ; soit donc, à son aller, ses propres dépenses, et au retour, les siennes et celles de son compagnon de voyage. »

La majorité rougit : elle vota « pour indemnité de vivres, à Brunel, trois livres dix sous, *pour une fois seulement et sans conséquence.*

Pendant ce temps, Pierre Chamet attaquait la ville devant le Sénéchal ; et à chaque convocation du Conseil de cette année, on parla de cette instance ; les uns voulant aller jusqu'au bout, et user de la rigueur des lois ; les autres, gens paisibles, partisans d'une conciliation, enclins à transiger pourvu que le principe fut sauf ; voici quel était leur plan : Chamet reconnaîtrait le droit de la ville de nommer les professeurs ; et la ville consentirait à le *nommer à titre provisoire* maître d'une *école libre* logée aux frais de la ville. Probablement Chamet accepta, et l'école libre mourut de sa belle mort, avant la chute des feuilles.

L'on a vu il y a quelques années, au moment de l'établissement de la gratuité, les diverses interprétations données au mot *habitants.* Eh bien, la question n'était pas encore résolue complètement. Quelques individus de Larnac demandèrent à ne pas acquitter la rétribution scolaire; nés aux portes d'Alais, ils y avaient transporté leur demeure ; on décida comme le bon sens le requiérait, que la gratuité leur était acquise s'ils étaient réellement habitants d'Alais.

VII.

A la Saint-Michel 1532-1533, le *regimen scolarum* fut donné à Vital Bernard dit Bataillé, d'Auroux, près Langogne.

Bataillé était, je crois, protestant. comme ses amis, Pecolet et Gaspard Cavard.

Il promit à Chamet Pierre, son collègue, la moitié de la subvention municipale, mais dans leur contrat, chacun se réservait le produit de ses propres leçons, publiques ou privées.

A la St-Luc 1533, Guillaume Evesque prit la direction de l'école. Lorsqu'il eut bien examiné la situation, il àlla trouver les Consuls, et leur fit comprendre que la position n'était pas tenable, que le taux des leçons pour les élèves payants était dérisoire. On l'autorisa à l'augmenter, bien entendu sans toucher à la gratuité dont jouissaient les Alaisiens.

Voici le tarif auquel on s'arrêta :

Elèves du dehors non grammairiens : 10 deniers par mois.

Elèves du dehors grammairiens : 20 deniers par mois, soit donc 1 sol 8 d.

Bien que le prix fut fixé par mois, il y eut accord formel que tout trimestre commencé serait dû en entier, sauf cas de force majeure.

Evesque démissionna quand même ; on tâcha de le retenir ; s'il le fallait, la rétribution scolaire pour les étrangers recevrait une nouvelle augmentation ; rien ne put faire revenir le magister sur sa détermination.

Gaspard Cavard, de Saint-Maurin, diocèse d'Agen, accepta d'ouvrir l'école, en souscrivant au tarif scolaire qui avait paru insuffisant à Evesque, à savoir : non grammairiens, 2 sols 6 deniers par trimestre, et le double, 5 sols, pour les grammairiens.

Gaspard Cavard avait traité le 28 juillet 1534 ; lorsqu'il arriva pour s'installer, il ne trouva rien à sa convenance ; il donna pour prétexte qu'il n'y avait pas à Alais des ressources pour s'approvisionner, et il décampa. (Délibération du 23 septembre 1534.)

Guillame Evesque riait de bon cœur de l'embarras de la ville. Lorsqu'il fut sûr que l'on ne s'adressait à lui que parce que les vacances allaient finir, et que tout le monde voulait voir ouvrir l'Ecole à la date ordinaire, il consentit à entrer en pourparler avec la municipalité, mais à la condition *sine quâ non* que la subvention serait portée à *quarante livres*.

Les conseillers, en l'entendant, crurent qu'il avait perdu la tête.

Guillaume Evesque les laissa revenir à eux, et un de ses amis pria le Conseil de vouloir bien se rendre compte du sacrifice que demandait à la ville le Professeur.

Le crédit inscrit déjà s'élevait à *25 livres* ; il en demandait *15* de plus. Qu'est-ce que cela représentait pour les contribuables ? un demi-denier de plus par livre d'estime, et pas même ; le denier, ce que nous appelons le centime, valait, cette année-là, 87 livres 10 sols ; la moitié d'un denier produisait donc une recette de 43 livres 15 sols. Or, on votait déjà 25 livres pour le traitement de l'instituteur communal. 40 — 25 = 15, c'est-à-dire le *cinquième d'un denier* à voter en plus par livre d'estime. C'était clair.

Mais il n'y a pas de pire sourd que celui qui ne veut pas entendre ; le Conseil, par un de ces brusques mouvements en arrière, comme en ont toutes les assemblées délibérantes, vota..... *la suppression de la gratuité, le rejet de toute subvention.* Un meneur cria : « Que ceux qui ont leurs enfants aux Ecoles paient ; jadis ils payaient bien, et les gens d'alors valaient ceux d'à présent, et les maîtres avaient bien autant de zèle, autant de savoir », et les moutons de Panurge sautèrent après lui ! !

VIII.

Les sages se rappelèrent qu'il ne faut pas jeter le manche après la cognée. D'abord le statut, établissant la gratuité, avait reçu l'approbation seigneuriale, et peut-être verrait-on bientôt que, quelle que fut l'étendue des pouvoirs législatifs du Conseil en vertu des *coutumes*, il y avait cependant des limites infranchissables.

Pour le quart d'heure, il fallait biaiser, se soumettre, et offrir au Conseil l'occasion de réparer sa faute, en l'invitant, par exemple, à vouloir bien, étant donnée la délibération prise, édicter un taux de rétribution scolaire assez élevé pour qu'un maître put gagner sa vie.

Cavard, qui parait avoir été consulté, considérait le chiffre de 9 sols, par trimestre, comme un minimum. On ne l'écouta pas, et on s'arrêta au tarif suivant :

Ext. de la ville : grammairiens, par trim. 5 sols . (6 carolus)
    —   : non grammairiens, — moitié moins (3 carolus)
Ext. du dehors : grammairiens, — 6 sols.
    —   : non grammairiens, — 3 sols.

Et toujours avec avertissement que tout trimestre commencé était dù en totalité.

Le parti modéré fit passer un amendement très important : une liste des enfants reconnus indigents sera remise par les Consuls au professeur, et celui-ci sera obligé de les instruire gratuitement.

Toute demande de bourse d'externat sera examinée avec soin par le Conseil ; les parents y joindront les pièces à l'appui, et la liste ne comprendra réellement que ceux y ayant droit de notoriété publique.

Hélas ! il était plus facile de publier ce règlement aux quatre coins de la ville, que de le faire adopter par la population, Les pauvres craignaient surtout de voir leurs enfants délaissés par le maître.

Les parents peu aisés refusaient de payer, et les enfants passaient leurs journées à marauder.

Le maître d'école allait mettre les clefs sur la porte. Ceux qui avaient voté la suppression du traitement scolaire n'osaient plus se vanter de leur hardiesse ; comment, une ville qui inscrivait à son budget annuel une certaine somme pour avoir un médecin des corps (1), osait réduire à la misère le médecin des intelligences !

Le 30 octobre, le Conseil vota à Evesque, pour qu'il prît patience, une somme de six livres. On espérait que les parents rendraient enfin justice aux mesures votées ; mais les parents s'entêtaient, et le pauvre Guillame Evesque, déjà criblé de dettes, avait vu mettre une saisie arrêt sur la modique somme de 6 francs, mandatée en son nom sur la caisse municipale, par Claude Ayragues, un tailleur, qui lui avait vendu à crédit une robe de 9 livres 10 sols, il y avait bientôt un an !

Guillaume Evesque se lamentait ; il s'en alla désespéré.

Le 25 juin 1535, deux professeurs, Jean Forest et Vincent Orti (il fallait qu'ils fussent des étourdis), acceptèrent la direction de l'Ecole ; mais après réflexion, ils résilièrent leur engagement le 6 septembre.

Allait-on assister à la fermeture définitive de l'école ; la rentrée approchait, lorsqu'un maître surgit ; au récit des infortunes de ses prédécesseurs, il demanda hautement le rétablissement du régime adopté en 1527, et suivi pendant 7 ans, à savoir une subvention assurée de 25 livres, représentant à peu près ce que coûtait au professeur la gratuité dont jouissaient les enfants Alaisiens.

Les parents chargés de famille entraient dans ces vues là.

Dans le Conseil, il y avait trois groupes.

1° Les intransigeants, s'en tenant à leur fameux prin-

___

(1) Voir délibérations, *passim*.

cipe de l'obligation naturelle, contractée par ceux qui mettaient au monde des enfants, d'en payer l'éducation ; l'un d'eux, quelque peu gouailleur, avait même l'air d'envier leur bonheur ; n'avait pas des enfants qui voulait, disait-il, et ne méritait pas surtout d'en avoir un tel égoïste.

2° A leur côté, siégeaient ceux qui ne rêvaient pas une égalité chimérique, mais qui partageant, *en théorie*, l'idée des premiers, auraient été d'avis de voter quelque chose pour le service de l'instruction publique, la moitié de 25 livres par exemple.

3° A droite, les libéraux, ayant pour orateurs Christophe de Rocheblave, qui sera plusieurs fois Consul, Jean Massayre, toujours prêt à payer de sa personne et de sa bourse, dès qu'il y avait une bonne œuvre à faire ; il avait donné pour les orgues, il avait donné pour les stalles du chœur, pour quoi n'aurait-il pas donné ? et enfin Claude Ayrague, marchand, comme de Rocheblave.

Ils n'espéraient pas ramener à leurs idées les intransigeants, mais au centre siégeaient Gabriel Michaelis, notaire, et Pierre Vachier, et tant d'autres gens, qui devant le dilemme tel qu'il était posé, n'oseraient pas sacrifier l'avenir de la jeunesse, car à ne pas voter de subvention, autant valait voter la suppression de l'école.

Pour un homme au courant des lois comme Michaelis, est-ce que la délibération de 1534, abrogeant le *statut solennel* de 1527, n'était pas nulle ! S'était-on bien rendu compte de la voie dans laquelle on s'engageait, si l'on pouvait ainsi, dans la loi de finances, remettre toute la Constitution en question. Le coup avait porté ; quelqu'un demanda la clôture de la discussion ; il n'y avait qu'à voter. La majorité se prononça pour le *rétablissement de la subvention.*

Sont-ce les protestants qui l'avaient emporté sur les catholiques ? nous réserverons la question, qui se rattache plutôt à l'histoire de la Réforme à Alais qu'à ce travail. Ah, déjà, les progrès de l'hérésie étaient immenses, et un Dominicain, prêchant à Saint-Quentin le carême de

1535, avait jeté le cri d'alarme ; du haut de la chaire, « ne faites pas comme ceux d'Alais, avait-il dit, qui sont *tous luthériens !* » Mais la ville s'était émue de cette grave accusation, et l'on avait obligé ce moine à donner en plein Conseil, un démenti aux méchantes langues qui lui imputaient un tel propos.

IX.

Quoiqu'il en soit, la municipalité me semble ne pas avoir du tout sainement jugé la situation. L'indemnité allouée en 1527, de 25 livres, n'avait pas permis à une série de professeurs de joindre les deux bouts ; recommencer dix ans après la même tentative, n'était-ce pas bénévolement courir à un semblable effondrement ?

Il y avait pourtant une amélioration considérable ; la ville était devenue propriétaire de la maison d'école (1) annexée à l'hôtel de ville de la rue Soubeyranne.

Nous allons revoir ce triste défilé de maîtres qui feront comme ces plantes annuelles, si vivaces à leur naissance, et présentant le lendemain les signes d'une mortalité prochaine.

En 1535, ils s'appelent *Barthélemy Columbi*, originaire des environs d'Embrun, et *Pierre Fornier*, de Sarrians, dans le diocèse d'Orange.

Les grammairiens payent six sols ; les enfants de la seconde classe, trois sols par trimestre. Les Alaisiens ne payent que les collectes et les normes. Que peut-on avoir avec trois sols : trois mains de papier !

En 1536, la direction des écoles appartient à *Pierre Arbousset,* du Collet de Dèze.

En 1537, à *Jean Tholozan*, de l'Isle-de Venise (diocèse de Cavaillon), et à *Guillaume Germain* de Saint-Remézy (diocèse de Clermont-en-Auvergne). Le doyen d'Alais avait vérifié leur capacité professionnelle ; mais eux

____

(1) Echange avec les Cordeliers du 23 juin 1534.

prétendirent bientôt qu'on ne trouvait pas de pension pour se nourrir. Ils n'avaient qu'à mieux chercher. C'était la réponse invariable de la ville aux réclamations de ce genre.

Un dominicain, *Héraclée Hébrard*, demanda à leur succéder ; le refus du Conseil fut basé sur des considérants surprenants : « Attendu que nul ne peut servir » *deux maîtres* à la fois, qu'un Dominicain ne peut » exercer le métier de magister convenablement ; que » Tholozan et Germain sachent bien que la ville tiendra » envers eux tous les engagements qu'elle a contractés, » mais qu'elle n'a pas à s'occuper des tracas et des détails » de leur installation. »

Nous ne rougissons pas d'étaler les misères scolaires d'Alais ; les pays avoisinants éprouvaient un égal embarras dans le recrutement de leur personnel enseignant.

A Nimes, on votait depuis 1533 une subvention annuelle trois fois plus forte (75 livres tournois) ; ça ne marchait guère mieux ; mais on avait un plus grand désir de déraciner le mal. Le 12 juillet 1534, la ville de Nimes fesait de pressantes démarches pour obtenir la transformation de ses écoles en collège ; le succès vint enfin couronner ses efforts (mai 1539). Elle s'avisa de demander un secours pécuniaire aux bourgs les plus importants des alentours. Elle eut même la naïveté de s'adresser aux Alaisiens. Le Conseil municipal, saisi de cette requête, haussa les épaules et enjoignit à ses députés à l'assiette diocésaine de refuser toute allocation de crédit à cet établissement. « Si les Nimois veulent un collège, porte la délibération, qu'ils le fassent édifier à leurs dépens, car le profit en sera pour eux et pour eux seuls ».

Les diocésains réunis n'envisagèrent pas la question de la même façon ; on vota 500 livres, plus que n'avait jamais pu espérer la ville de Nimes.

Alais attaqua le vote, protesta ; la délibération acquit l'autorité de la chose jugée.

La Providence, qui permettait aux Nimois de faire si bien leurs affaires, semblait au contraire contrecarrer l'œuvre des Alaisiens. On apprit, le 11 juin 1540, que le premier recteur avait levé le pied, emportant même la bourse qui contenait les petites économies de son collègue, *six livres* environ. Ce dernier se prépara de suite à courir après son peu délicat camarade. Le Conseil municipal, ne voulant pas que les enfants fussent à la rue, aima mieux payer les *six livres*.

X.

A partir de la Saint-Michel 1540, on confia les écoles à Barthélemy Vieulx, maître ès-arts, du Dauphiné, et à Guillaume Raffinesque. Le programme des études flattait l'œil ; grammaire et logique, art oratoire et autres arts non suspects ; ont droit à la gratuité les enfants de tous ceux qui figurent aux rôles des contributions.

Ce qui concerne le culte est bien détaillé. Chaque samedi, chaque veille d'une fête de la Vierge, à la tombée de la nuit, les professeurs conduiront à *l'église Saint-Jean* leurs élèves ; là, ils chanteront à haute voix un cantique l'*Ave regina cœlorum* ou le *Salve regina*, comme du reste, jadis, on avait la coutume de les chanter dans l'enceinte de l'école. Fêtes et dimanches, maîtres et élèves assisteront à la Grand'messe , aux Vêpres ; le samedi, tous iront aux Complies. La présence aux sermons soit pendant le Carême, soit en dehors du temps de la station quadragésimale, est obligatoire.

Outre ces prescriptions religieuses, afin d'éviter toute discussion entre les deux maîtres, il est convenu qu'ils partageront les recettes, sauf la faculté pour Vieulx de prélever le prix des leçons de cinq écoliers à son choix. Le Conseil tranchera du reste les conflits qui pourraient s'élever entre eux à propos d'honoraires ou d'émoluments.

Ce beau règlement n'empêcha pas la ville d'avoir à changer de maîtres à la fin de l'année. En juillet 1541, la direction des écoles pour l'année scolaire 1541-1542 fut accordée à Granchamp Gabriel, maître ès-arts, du diocèse de Poitiers, licencié en médecine ; .il s'engagea à avoir un coadjuteur capable.

Douze mois plus tard (1542), M. Barthélemy Vieulx reparait avec un adjoint appelé Maurice Ginhas, de Saint-Julien-des-Ponchets, et avec un traité analogue à celui qu'il a signé il y a deux ans. La seule clause nouvelle ne nécessite pas grand commentaire : « *la collecte* faite par » les maîtres d'école pour la Sainte-Catherine, servira, » désormais, à acheter les torches qu'on éclairera pendant » les offices religieux, les dimanches et jours fériés ».

Ainsi, en apparence, pour un observateur superficiel, rien n'est changé. Chaque matin, on célèbre, comme jadis, le Saint Sacrifice de la messe pour appeler les bénédictions du ciel sur la ville. Les Cordeliers, les Dominicains et le clergé paroissial de Saint-Jean désignent, entre eux, à l'amiable, les quatre mois pendant lesquels le service se fera dans leur église.

Tous les dimanches soir, vers minuit, l'hospitalier passe dans les rues, agitant une clochette et criant :

> Réveillez-vous, bonnes gens qui dormez ;
> Priez Dieu pour les trépassés.

Bertrand Astelier, chirurgien, fait peindre, sur la façade de sa maison, l'image de la Vierge et de S. Dominique.

Oui, croyance en la présence réelle de l'Eucharistie, prière pour les âmes du Purgatoire, culte de la Vierge Marie, tout est encore debout extérieurement.

Le prieur des Dominicains est un Nimois, Dominique Dayron ; pendant les trois années qu'il passe à Alais, 1540-1543, son excès de zèle pour le catholicisme cache un combat intérieur ; il fait une quête pour réparer le rétable de Notre-Dame de Grâce ; il veut créer une nouvelle confrérie en l'honneur de S. Pierre, martyr, en 311,

Ce moine, si jaloux de la gloire de la bonne Mère, sera demain protestant.

XI.

N'importe ! la ville engagera pas mal d'instituteurs avant d'arborer ostensiblement l'étendard de la révolte contre le catholicisme ; contentons-nous de les désigner à la hâte.

1543-1544. André Dragon, et Pierre Arnac, d'Aujac.

1544-1545. Daniel Bodecius, maître ès-arts de l'université de Paris ; ce sont les Jacobins qui l'ont interrogé et reconnu apte à régir les écoles.

1547. Claude de Salis.

1548. Jacques Cambefort, d'Alenzac (diocèse de Saint-Flour).

1549. Claude Bessière, de Chambon (diocèse de Clermont en Auvergne).

1551. Théodore Thoumier, maître ès-arts, originaire de la Champagne (bail de décembre 1551).

1553. La ville traite le 5 juillet avec Jean Melot, maître ès-arts, né en Picardie, homme bien savant, qui a conquis la faveur publique, par une série de prédications qu'il a faites le dimanche dans l'église des Jacobins.

1555. (24 juillet). Bail de l'école à Julian de la Fontaine, maître ès-arts, natif de Chambéry (1).

Pendant ces 10 ans, l'audace des Réformés a augmenté. On affiche, à la porte des prêtres, des quatrains injurieux ; on jette devant la cure, devant l'église, les jours maigres, des plumes de pigeon !!! On se moque du crieur public qui, en vertu d'une délibération du 14 août 1555, invite tous les chefs de maison à se trouver le lendemain

---

(1) Nous avons cru utile de donner tous les noms des précepteurs de cette époque. Les personnes qui s'occupent des origines du protestantisme y retrouveront les pionniers de la Réforme dans d'autres pays.

à la procession de l'Assomption, sous peine de 5 sols d'amende, et engage, sous la même peine, les personnes, habitant des maisons sises sur le parcours du cortège, à bien nettoyer la rue au devant de leur porte.

XII.

Et maintenant de 30 ans, nous n'aurons plus de registre consulaire pour continuer cette étude.

Il est un fait incontestable, c'est que les Réformés organisèrent ce que nous appelons aujourd'hui un gouvernement clérical. Les pasteurs se mirent à la tête des corps municipaux (1) ; les délibérations les plus importantes se tinrent dans la salle du Consistoire. Pour juger leur œuvre d'une manière impartiale, il faudrait avoir leurs registres : ils ont disparu.

On dévalise les églises, on démolit les cloîtres et la cure ; on égorge les religieux et les chanoines. Tous ces crimes se commettent au bruit du chant des psaumes de Marot. Claude Chevalier, le premier ministre d'Alais, entre dans la ville, escorté par Jean de Cambis, sieur de Soustelle, qui hier encore était prêtre, et ne rougissait pas d'assassiner un autre ecclésiastique, aspirant comme lui, au doyenné du chapitre collégial (2).

Les Etats Généraux, assemblés à Orléans, avaient déposé entre les mains du Roi le cahier de leurs doléances (1560).

Les nobles demandaient que l'instruction fut obligatoire, le Tiers Etat qu'elle fut simplement gratuite.

---

(1) Voir délibération du Consistoire du 26 février 1617, les pasteurs se plaignent qu'on veut les faire prêcher chaque jour; ceux qui réclament tant de sermons sont des ennemis déguisés du protestantisme qui voudraient mettre les pasteurs dans l'impossibilité de consacrer une partie de leur temps aux affaires de la ville. (Registre de cette année, f° 31).

(2) Arrêt du Grand Conseil du 12 mars 1560.

Une ordonnance parut ; en vertu de son article 9, une prébende devait être affectée dans chaque église...... collégiale à l'entretien d'un précepteur de la jeunesse. Le Concile de Trente, dès 1546, avait voulu accomplir cette réforme en rappelant les anciens canons de l'Eglise.

L'application de l'ordonnance d'Orléans présentait quelque difficulté dans les pays où la majorité de la population avait adopté les principes de Calvin. Comment arriver, amiablement, à déterminer le rendement moyen annuel d'une prébende ? Il n'y avait plus de chapitre, et partant plus de syndic pour le représenter légalement dans les contrats publics.

Les Réformés demandèrent à la Cour l'autorisation de saisir directement les revenus du clergé, les dîmes, et d'en affecter le produit aux dépenses scolaires. Les agents royaux acquiescèrent à cette procédure, à charge cependant de prouver, d'une manière incontestable, la véracité des faits articulés dans la requête ; sans retard, ils désignèrent le lieutenant de la viguerie de Gignac (1), pour présider l'enquête.

L'absence de la plus grande partie des décimateurs était de notoriété publique ; aussi, après avoir entendu une dizaine de gens du pays, le juge clôtura son procès-verbal ; il avait terminé sa mission ; il n'avait pas à rechercher la raison de cette situation anormale. Le clergé, lui, ne la connaissait que trop. On voulait compléter l'œuvre de la destruction du catholicisme. Bientôt Alais aura, en même temps que Nimes, sa *Michelade*.

XIII

Ah ! détournons la tête de cette guerre fratricide ! Mais où aller ?

____

(1) Gignac (Hérault). Pourquoi allait-on chercher si loin un enquêteur ?

A l'Eglise de Saint-Jean? les protestants en ont fait leur temple. A l'école, on a licencié les enfants ; les salles d'étude servent d'arsenal ; on y fabrique de la poudre.

De temps en temps, les combattants signent un armistice ; pendant la trève, l'ancienne maison d'école sert de chapelle aux catholiques et aux chanoines restés fidèles. On y parle sans doute de l'heure de la revanche. Tous oublient les paroles de Jésus-Christ : quiconque frappera de l'épée périra par l'épée. Jean de Cambis mourra les armes à la main.

Ce n'est pas assez de la guerre ; la population a à subir les fléaux ordinaires, les inondations, les épidémies.

On devine ce qu'a dû être l'instruction de la jeunesse pendant ces 30 ans. (1555-1585.) Evidemment les deux partis n'ont pas renoncé à l'éducation des nouvelles générations, et des hommes, prêts à mourir chaque jour pour leur croyance, n'ont pas totalement oublié leurs devoirs envers leurs enfants. Nous eussions bien aimé savoir comment ils ont agi dans de si cruelles conditions, mais les sources de renseignements nous font défaut. Pour ces 30 ans, il n'y a pas une seule pièce aux archives municipales, et ce n'est pas avec ce qui nous est parvenu des registres des notaires de cette époque, qu'on comblera la lacune. (1) Un mot cependant est ici nécessaire pour venger l'honneur Alaisien.

La France protestante (2ᵉ édition, tome II, page 497)

---

(1) J'ai trouvé 4 actes qui paraissent devoir être analysés.

Michel de Mercurius, maître régent du collège et écoles d'Alais (sic) est témoin aux fiançailles, le 1ᵉʳ décembre 1559, et au mariage, le 1ᵉʳ février 1560, d'Antoine Petit, fils de Guillaume Petit, notaire, avec Jacqueline Reynaud, fille d'Elzias Reynaud, sʳ de la Melouse, docteur en droit.

Les deux futurs étaient protestants, j'en suis sûr. L'oncle de la future, Dominique Reynaud, chanoine, declarera bientôt qu'il a vécu par ci-devant en idolâtrie, et qu'il veut vivre en la pureté de l'Evangile.

En 1565, testament d'Antoine Devèze, marchand, époux Vachier Antonie ; il veut être enterré au *parc* protestant : parmi les legataires

contient un article où l'on affirme qu'il y eut un massacre général des protestants à Alais le 28 mars 1585. M. Borrel, dans son histoire de l'Eglise réformée de Nimes, soutient la même version ; deux seulement, dit-il, réussirent à se sauver.

Ce sont là de pures calomnies ; j'affirme qu'il n'y eut aucun massacre de protestants ni cette année-là, ni avant, ni après. Les documents que j'ai en main, et que je suis prêt à montrer aux amis de la vérité historique, ne peuvent laisser aucun doute à cet égard.

XIV

Tout au contraire, le bien être matériel, grâce à la cessation *complète* des hostilités dans le pays depuis 1580, augmentait d'une manière prodigieuse. Le devis de la nouvelle halle s'élève à 500 écus (1586).

L'*Ecole seule* ne marchait pas très régulièrement.

La délibération d'octobre 1592 nous dépeint, en une ligne, la situation : « *il n'y a ni maître d'Ecole, ni local* » (1).

Le jour même où la ville fesait ce pénible aveu, un magister venait d'y arriver, la bourse vide, et quel que fut son talent pédagogique, personne n'était disposé à lui avancer de l'argent. Il s'appelait Claude Bernard ; c'était

---

particuliers, il nomme Me André Bruguière, *escholier*, *maître de ses enfants.*

Le 14 novembre 1575, Claude Bouton, professeur au collège, diacre, né à Fons-sur-Lussan, épouse Jeanne Barthélémy. La noce eut lieu dans la maison d'Antoine Riccaud, ministre, époux Bernardine des Vieulx.

Enfin en 1585, une quittance indique que George de Cambis, aîné des enfants de François de Cambis et de Madeleine de Villeneuve-des-Trans, suit les cours du collège d'Alais.

(1) Les registres des délibérations consulaires de la ville d'Alais depuis 1585-1621 et de 1630-1789 sont aux Archives.

le fils de Jean Bernard, en son vivant couturier à Avignon, et de Françoise Rouchon.

M. de Bézuc avait un local disponible qu'on loua au mois.

Une fois installé aux frais de la ville, ce maître chercha une femme, et le 28 février 1593, il se mariait avec Marie Blazin, de Soustelle.

Au bout de neuf mois, le propriétaire réclama une augmentation du loyer ; au lieu de deux écus par mois, ce qui faisait 24 écus par an, il en voulait 26. La ville résilia, et le pauvre maître se débrouilla comme il pût.

En 1594, un autre maître, qui était venu se fixer à Alais, parce que les ligueurs étaient, disait-il, encore tout puissants en Provence, sa patrie, implorait la charité du Conseil ; il avait à sa charge sa mère, ses frères, ses sœurs.

En 1598, M⁰ Jacques César, *s'offre d'apprendre la grammaire* à la jeunesse ; il demandait le payement de son loyer et un écu par mois. On déniche un logement à bon marché (vingt sous par mois), mais au bout d'un semestre, le Conseil refusa de continuer ce sacrifice. Et pourtant, il était notoire que la moindre pension, non pas chez le Vatel de l'époque, mais chez un simple particulier, coûtait plus de six francs par mois.

Les habitants des villages environnants comprenaient, mieux que les Alaisiens, les bienfaits de l'instruction.

Certains paysans de Saint-Martin de Boubeaux offraient, à un nommé Claude Maurin, pour venir donner des leçons à leurs enfants, le logement et 95 livres (1).

____

(1) Favède, notaire à Branoux, le 19 juillet 1594.

Je profite de l'occasion pour remercier les notaires de la région qui ont tous mis leurs vieilles archives à mon service avec une obligeance extrême. — Que MM. Malzac, André, Persin, Evesque des Mages, Pontet de Portes, etc., reçoivent l'hommage public de ma reconnaissance.

Je ne dois pas omettre les savants archivistes, M. l'abbé Goiffon. M. Bondurand, et le félibre Gaussen, et mes collègues de Sauve et d'Anduze, et M. le baron d'Hombres, et M. le marquis de Montalet, et tant d'autres que je n'oublierai jamais.

Le 6 février 1595, se trouvaient à l'étude de M⁰ Solairet, Jacques Rambert, du Collet de Dèze, avec six pères de famille de la paroisse du Pin ; il s'engageait à apprendre à lire et à écrire à leurs enfants. Outre la nourriture, il aurait 13 écus pour une année. Son traitement n'était pas susceptible d'augmentation. car ils avaient convenu que si d'autres pères de famille voulaient faire profiter leurs enfants de ces leçons, la rétribution scolaire payée par eux serait diminuée de tout ce que payeraient les parents qui ne figuraient pas au contrat. Constatons, en passant, qu'aucun des six ne savait signer. Cette convention dura deux ans.

Je vais citer un autre cas plus touchant : une veuve du hameau de la Tour de la Fare, empruntait, en 1598, vingt-cinq francs pour payer la nourriture de son fils, Gabriel André, et *aussi les maîtres d'écoles auxquelles elle l'a mis pour y apprendre*, suivant le devoir d'une mère.

L'horizon s'éclaircit de plus en plus ; on recueille les fruits de la politique qu'a préconisée Damville aux Alaisiens, ses vassaux directs par l'acquisition qu'il a faite de la Comté d'Alais. En 1582, lorsqu'il s'installa à la Mairie avec sa famille (1), on avait regardé un peu de travers cet homme sans gêne, qui prétendait gouverner avec les gens modérés des deux communions ; il avait su se faire obéir. De mutuelles concessions avaient ramené la paix entre catholiques et protestants. L'Eglise Saint-Jean avait été rendue aux premiers, mais les protestants ont fait construire un temple spacieux, rue Peyrolerie, inauguré à la fin de l'année 1578, et où personne n'a le droit de troubler les prédications quotidiennes du Saint-Evangile.

Damville s'appelle maintenant le connétable Montmo-

____

(1) De 1582 à 1599 Damville garda l'Hôtel de Ville pour logement; il n'y était pas venu bien souvent depuis quelques années, mais on disait *le palais* pour désigner la Mairie. La ville, en 1599, eut quelque vélléité de lui réclamer 17 ans de location à 50 livres par an.

rency, il est l'ami intime du Roi, il a une excellente
occasion de se libérer des 10 ans de loyer qu'il doit à la
ville, pense-t-on au Conseil municipal. Aussi le 17 septembre 1592, une députation va le trouver : on ne devine-
rait jamais pourquoi. Alais voudrait être le chef-lieu
judiciaire de la province de Languedoc, avoir le parlement
de Toulouse, ou au moins la Chambre mi-partie (1594).

XV

« *La jeunesse ne fait tous les jours que se débaucher
et perdre son temps.* »

C'est ainsi que commence le procès-verbal de la délibération d'octobre 1599 qui se termina par un vote important. On décida de faire venir trois maîtres : un pour la
grammaire, un pour l'alphabet, et un bachelier pour la
classe moyenne. La ville les payera, sauf à exercer son
recours, par voie de justice, contre les ecclésiastiques qui
jouissent indûment de la prébende dite préceptoriale (1).

Trois professeurs répondirent à l'appel. Leur chef
demanda cent livres pour lui, et cent livres pour ses deux
collègues. Mais avant de traiter, il était bon de leur faire
subir un examen de capacité, « *comme on fesait jadis.* »
La Commission se composera, porte la délibération, des
délégués du Conseil, et « *des gens de la ville qui y enten-
dent.*

Le pasteur Jérémie Ferrier (2) fesait partie de la Com-

---

(1) Quels sont les motifs que donnait le Clergé pour ne pas se soumettre
aux canons du Concile de Trente, et aux lettres-patentes du Roi de mars
1565 ? Il y eut une série d'arrêts rendus contre le chapitre d'Alais en
vertu desdites lettres, les 23 septembre 1565, 5 août 1566, 5 juillet 1567,
17 septembre 1569, 5 février 1602, 19 février 1603. — Voir aux archives
du parlement de Toulouse.

(2) Jérémie Ferrier, fils de feu Jean Ferrier, et de Jeanne Coustans, de
Najac (Aveyron) épousa le 27 juillet 1597 Isabeau de Guiraud, fille
unique de noble Rolland de Guiraud sieur de Saint-Georges et de demoi-

mission qui fut influencée par ce qui se passait à Nimes. Tous les professeurs ne pouvaient pas être des Julius Pacius, et si on voulait des savants hors ligne, il eut fallu voter, comme ailleurs, des traitements vingt fois plus fort que ceux qu'on offrait (1).

Le collège ne s'ouvrit pas.

Le projet fut repris en 1601.

« *Il serait bon*, dit la délibération, *de rétablir le collège comme jadis était, le moment est favorable, la paix règne* ». Deux savants professeurs cette fois vinrent offrir ensemble leurs services à la ville, mais chacun demandait cent écus de traitement, et de plus, voici le prix qu'ils se proposaient de faire payer à leurs élèves :

A ceux qui *écriront* la grammaire et l'apprendront 15 sols ;

A ceux qui *liront* au testament et autres livres français, 10 sols ;

Aux abécédaires, 5 sols.

Au Conseil, on commença par sourire quand on vit ces deux prétendus savants ; c'étaient deux jeunes gens, l'un de Paris, l'autre de Villefort, *qui n'avaient aucun papier établissant leur bonne vie et mœurs dans les localités qu'ils avaient habitées jusqu'à ce jour.*

On fit une enquête sommaire sur leur compte ; elle leur fut favorable ; restait la question financière. Les professeurs durent rabattre de leurs prétentions, et quant au prix de l'externat, la diminution qu'ils acceptèrent est à noter :

Abécédaires : 2 sols 6 deniers ;

Lecture :   4 sols ;

Ecriture :   6 sols ;

---

selle Catherine de Jardin. Isabeau de Guiraud, devenue veuve, fit le 21 février 1639, donation de la maison qu'elle avait à Alais, rue droite et rue l'abrerie, aux pauvres de l'Eglise réformée d'Alais, pour en faire un hôpital.

(3) Voir Ménard, histoire de Nimes, tome V, page 300.

La rentrée des classes devait s'effectuer le 1er mai 1601 ; elle n'eut pas lieu.

En mai 1602, encore une tentative qui avorta.

Les parents en étaient réduits à envoyer leurs enfants dans de petites mauvaises écoles particulières, dont l'installation, à tous les points de vue, était déplorable.

En faire ici la nomenclature complète serait fastidieux, d'autant que la plupart n'eurent qu'une existence éphémère. Ainsi, par exemple, au coin du marché, chez la veuve Gabrielle Bordel née Dupin, qui leur sert en même temps de domestique, je vois, dans une même année, Samuel Bayet, Balthazard de l'Estrade, et Claude Viart ; aucun ne finit son trimestre.

L'école de David Ausset ou *Ancet* (1) marche un peu mieux, moins bien cependant que celle de M⁰ Antoine Nicolas. Ce dernier a les faveurs de la bonne bourgeoisie non seulement de la ville, mais des environs. C'est chez lui que va un Anduzien, Robert de la Farelle, fils de feu Nicolas de la Farelle, sieur de la Blaquière : cela lui coûte · 20 sous par mois ; sa pension chez Jean Petit, marchand, revient à une somme six fois plus forte.

XVI

Que devenaient les enfants dont on avait négligé l'éducation pendant les guerres de religion ? Ils avaient grandi, et ceux qui avaient de mauvais instincts étaient maintenant des hommes dangereux. Le 24 janvier 1603, on en pendit deux, on en condamna deux autres aux galères à perpétuité.

Mais les gamins oublièrent vite le spectacle de la

---

(1) David Ancet, fils de feu Antoine Ancet, ministre de Génolhac en 1576, et de Béatrix Viale ou Viala décédée en 1596.

Antoine Ancet laissa cinq enfants : Daniel, David, Josué, Jean, Sara. Sa bibliothèque, inventoriée à sa mort, nous indique quels étaient les livres qu'avaient en main les premiers ministres.

potence, et retournèrent à l'école buissonnière. Quelquefois les banniers, les garde-terres mettaient la main sur ces jeunes maraudeurs ; on condamnait à l'amende leurs parents ; si ceux-ci n'avaient pas de quoi payer, la sentence n'avait aucun effet, car on ne pouvait pas mettre des enfants au carcan. On décida que les pères et mères qui n'acquitteraient pas les amendes, prononcées contre eux comme solidairement responsables de la conduite de leurs enfants, seraient chassés de la ville.

Vingt jours après la publication de cette ordonnance draconienne, Mᵉ Pollux qui habitait Uzès (1), se présenta devant le Conseil. (16 mars 1603.)

Il voulait : 1° le logement ; 2° deux cents francs par an ; 3° la fixation, à trente sols par mois, de la rétribution scolaire pour les enfants suivant les cours de grammaire et de latin. Moyennant ce, il se chargeait de payer ses auxiliaires, s'il en avait besoin.

Chaque proposition fut examinée attentivement.

Quant au logement, on mettait à sa disposition tout l'hôtel de ville. (La ville en avait repris la possession le 13 juin 1599 ; le connétable était un trop grand personnage maintenant, pour se contenter de la mairie d'Alais, comme maison d'habitation.)

Bien entendu que la grande salle du Conseil n'était pas comprise dans le bail.

On inviterait Jean Favède, serviteur des Consuls, à vider les pièces qu'il occupait dans cet immeuble. Pour le traitement, Pollux consentit à un rabais de 50 livres (150 au lieu de 200) ; le prix des leçons fut fixé à 20 sols, et non à 30 sols. Enfin, et c'était là le meilleur moyen de combattre le maraudage, il fut bien entendu que tout enfant réputé indigent jouirait de la gratuité.

Pollux sortit du Conseil, très content ; il pria ces

---

(1) Je n'ai rien pu savoir sur le passé de Mᵉ Pollux à Uzès. Je signale ce point aux savants Uzétiens, qui comme M. d'Albiousse, s'intéressent à l'histoire des générations disparues.

Messieurs, en les quittant, d'acquitter sa petite note, à l'auberge de la Fleur de Lys, chez Dairolle. C'était trop juste pour qu'il eut besoin de le dire deux fois.

Tout marchait, n'est-ce pas, sur des roulettes; mais rien, en définitive, n'était terminé.

D'abord, le *Conseil politique* (1) avait bien accepté le traité de Pollux, mais il fallait avoir l'approbation du *Conseil général;* et là, le vote fut précédé d'une discussion, dans le cours de laquelle les partisans de la politique gouvernementale demandèrent qu'il y eut, à côté de Pollux, *protestant,* un adjoint *catholique.*

La constitution, imposée aux Alaisiens par Montmorency, avait pour base l'égalité la plus complète entre les deux cultes. Il y avait 4 Consuls, 2 catholiques et 2 protestants; le Conseil se composait d'autant de catholiques que de protestants; Montmorency n'ignorait pas que dans Alais, les deux tiers des habitants étaient protestants, mais il avait établi le même système pour toutes les villes dont il était le Seigneur, et si dans Alais les protestants y perdaient, ils y gagnaient ailleurs. (Observons cependant que Montmorency, dans ses Ordonnances seigneuriales sur les corps politiques, n'avait pas eu à statuer sur la religion des professeurs).

Cette première difficulté n'était rien à côté de celle dont nous allons parler.

Jean Favède, serviteur des Consuls, ne pouvait se résoudre à quitter la chambre où son père, qui avait rempli pendant tant d'années les mêmes fonctions que lui, était mort en juillet 1602.

Et Jean Favède avait un caractère peu accommodant. Un

------

(1) Le Conseil politique se composait *alors* de 16 personnes; il fallait avoir été *Consul* pour en être. Délibération de juillet 1600; — Tout ce qui a trait à l'organisation consulaire sera un jour publié par nous, et l'on suivra, année par année, de 1250 à 1789, les divers changements opérés.

trait de sa vie nous dépeindra l'homme. Le 25 avril 1605, le premier Consul représenta au Conseil les avantages, pour tous, d'avoir un valet revêtu d'un beau manteau bleu avec une plaque où seraient gravées les armoiries de la ville. On fait venir dans la salle Jean Favède, et on lui fait part de ce projet. Favède s'emporte; il dit qu'il n'a pas besoin de manteau, qu'il se contente du sien, et que plutôt que de porter un costume, il aimait mieux «quitter». Le Conseil prend acte de ses paroles. On espère qu'il rétractera ses paroles ; et dans cette intention, on retarde de semaine en semaine, pendant deux mois, la nomination de son successeur ; enfin, en juin 1605, sa démission est irrévocablement acceptée.

Mais revenons, à Pollux. Le 25 mars, il annonçait son arrivée pour la semaine prochaine ; instruit de ce qui se passait à Alais, il engageait la ville à faire quelques aménagements supplémentaires, de façon à pouvoir conserver dans la Mairie le logement de Favède.

Au mois de mai, il écrivit qu'il ne pouvait pas venir (mai 1603).

XVII

Les Consuls traitèrent avec un nommé Alexandre Ramsay, d'origine écossaise ; il avait sous ses ordres deux adjoints. Les Ecossais avaient la réputation d'user du fouet, plus que du taille-plume.

Personne ne venait au Collège.

Le 19 janvier 1604 « *Proposé que les maîtres du Collège* » *ne se peuvent entretenir aux gages qu'ils ont, notam-* » *ment le deuxième et le troisième maître, à cause qu'il* » *y a beaucoup d'autres maîtres enseignant par la ville,* » *détournant les enfants de venir audit Collège, ce qui* » *est cause qu'ils ne peuvent vivre et s'entretenir, étant* » *en voie de s'en aller ailleurs.*

» *Conclu que les 2e et 3e maîtres auront pour leurs* » *gages 16 écus chacun, compris ce qui était attribué au*

» *second maître au terme du contrat du bail dudit*
» *Collège, et que* LES CONSULS FERONT SORTIR HORS DE LA
» VILLE LES AUTRES MAITRES ENSEIGNANTS, ET DÉFENDRONT
» AUX HABITANTS D'Y FAIRE ALLER LEURS ENFANTS, *et les*
» *gages du premier maître qui sont de quarante écus*
» *demeureront en l'état, qui lui seront imposés et payés*
» *par les Consuls.* » — On avait pris la même mesure à
Nimes (1).

Le second maître était Claude Viart dont nous avons
déjà parlé ; il y avait incompabilité d'humeur entre lui,
et le troisième maître, Laurenceau ; ils se battaient constamment. En février 1604, les Consuls leur enjoignirent
de vivre en paix ; sinon, on les mettrait à la porte. Qu'ils
louent chacun, au besoin, une chambre en ville, si bon
leur semble, mais la municipalité ne tient pas à ce que
les élèves aient un aussi mauvais exemple sous leurs yeux.

Trois semaines après, le Principal donnait sa démission ;
il disait dans la lettre adressée par lui aux Consuls, qu'il
partait, pour Montpellier, prendre ses grades de docteur en
médecine ; que le Conseil n'avait pas le droit de refuser
sa démission ; mais désireux cependant de ne pas laisser
la ville dans l'embarras, il se chargeait d'installer, à ses
frais, un remplaçant d'ici à la fin de l'année scolaire.

La ville, froissée du ton de sa missive, lui répondit qu'il
pouvait se retirer, et que l'on saurait, sans son concours,
trouver un autre Principal ; qu'il y avait néanmoins dans
sa lettre un paragraphe inacceptable, c'était sa prétention
de toucher intégralement le traitement qui lui avait été
alloué pour toute l'année scolaire, et non pour quelques
mois. On ne mandaterait que le prorata couru au jour de
la cessation officielle de ses fonctions. Libre à lui d'assi-
gner la ville, s'il était d'un avis contraire.

Ramsay chargea un avocat de poursuivre en justice sa
réclamation ; mais bientôt cependant il transigea avec la
ville ; on lui paya dix écus.

____

(1) Ménard. Tome V, Preuves, page 220, preuves.

XVIII

Pollux revint ; il avait paraît-il, d'excellentes excuses pour justifier sa conduite de l'an dernier. De plus, il offrait à la ville des conditions exceptionnelles ; il renonçait à tout traitement ; la ville pourrait continuer à user de la grande salle des délibérations, de la pièce des Archives, et de la loge du valet de ville.

Pollux fut nommé pour trois ans, de la Madeleine 1604 à la Madeleine 1607. Il avait été recommandé par tant de gens notables, il passait pour si bon maître, que Mr de Suc, conseiller à la Chambre mi-partie de Castres, lui avait confié son fils. Que payait ce pensionnaire ? Je l'ignore ; mais l'externat variait de 15 à 20 sols.

Pollux était habile. Le 1er janvier 1605, son meilleur élève, Ranchin, débita une superbe harangue aux Consuls, et tout le Conseil, flatté de cette marque de prévenance, vota deux testons d'étrenne au jeune rhétoricien. On s'accordait à reconnaître que Pollux avait son métier à cœur ; il prenait grand soin de ses élèves ; pour que le valet de ville eut son entrée et ses appartements tout à fait à part, sans communication avec l'intérieur de l'école, il demanda à la municipalité de faire exécuter quelques petits travaux.

Au début, à chacune de ses demandes, le Conseil répondait « *on plaira à Mr Pollux* » ; mais bientôt on commença à faire la sourde oreille, de telle sorte que Pollux pria Mr de Suc de le faire agréer, par la ville de *Castres*, pour son collège.

Il s'arrangea de façon à mettre les apparences du droit de son côté. Le dimanche, 20 août 1606, il soumit à la municipalité une série de réparations urgentes, disait-il, car il fallait profiter des vacances pour les exécuter, et il avertit que si l'on refusait de les voter, il s'en irait.

Le Conseil fut unanime à décider qu'il y avait assez

de comptes de maçonnerie, de menuiserie, pour une
année.

Si M. Pollux n'est pas content « *qu'il s'en aille* » (sic).

Pollux ne s'attendait pas à ce coup brusque, il n'alla pas
à Castres, mais au cimetière !

Il était venu trop tôt dans ce monde ; pour détruire la
concurrence des écoles privées, il ne voulait pas qu'on
eut recours à l'expulsion, mais il disait qu'il fallait offrir
aux parents une installation meilleure que celle de la
plupart de ces immeubles convertis tant bien que mal en
écoles.

Petit à petit, tous ces pensionnats borgnes auraient
fermé leurs portes. Mᵉ Antoine Nicolas se fesait vieux ;
l'autre école protestante, tenue par Pierre Felgeyrolles et
sa femme Marie Blanc ne battait que d'une aile ; Felgeyrolles l'avait si bien compris qu'il avait eu trois fils,
Simon, Isaac et Pierre, et il en avait fait non pas des
pédagogues crottés, endettés, mais de bons ouvriers (1).

Nous venons de nommer une femme à côté de son mari.
Il y avait, en effet, des écoles communes aux garçons et
aux filles, et comme document à l'appui, nous signalé-
rons l'acte qu'on trouvera dans les minutes de Mᵉ Jacques
Pichon, au fᵒ 251, à la date du 29 juin 1608; il mérite
d'être enregistré :

Association, entre François Pellet, sa femme, et leur
fils, domiciliés à Alais, d'une part, et Antoine Gerlier,
écrivain, demeurant à Alais, d'autre part, pour l'établissement d'une école où l'on apprendra la lecture, l'écriture
et l'arithmétique, à tous écoliers, tant garçons que filles
qui leur seront confiés. — L'Ecole sera établie dans un
immeuble appartenant aux Pellet. — Sur les bénéfices,
la dite Pellet, née Foulcarande de la Jonquière, prélèvera
entièrement le salaire des leçons de couture des filles. —
Le surplus se partagera par égales parts entre les Pellet,
et Gerlier. — Pellet cède à la société la jouissance du

---

(1) Testament chez Mᵉ Légal, notaire du 25 mars 1608.

local, mais Gerlier supportera, sur sa part de bénéfices, une retenue de six livres par an, (le loyer des bâtiments scolaires étant évalué à douze livres par an). — La durée de la société sera d'un an au moins à partir du premier juillet 1608.—L'associé qui demanderait, avant l'échéance, la dissolution de la société, aurait à compter, à titre de dédit, à son associé, une somme de trente livres.

XIX

La mort de Pollux avait fait du bruit dans les environs. .

Le Conseil reçut une lettre de M. Causse, de Sumène, recommandant la candidature de Fauchier, docteur. On l'accepta.

Son traité devait durer cinq ans, de mai 1607 à septembre 1612.

Le prix de l'externat s'élevait à :

20 sols pour les élèves de français, et les commençants en latin ;

25 sols pour les latinistes ;

30 sols pour le cours de la langue grecque.

Moins généreux que Pollux, il avait fait insérer dans son traité, que la ville ne tolérerait pas d'autres maîtres enseignant *le latin* que lui, et ce sous peine de dommages et intérêts.

On réserva, dans le même acte, une classe et une chambre pour un maître catholique, si les catholiques en voulaient un.

Enfin, dit l'acte, « il sera permis aux habitants qui voudraient un troisième maître de l'y mettre, mais en le payant, sans que la ville soit tenue de rien à son égard ».

Outre le local dont avait joui Pollux, on lui abandonna le jardin attenant à la mairie, fesant suite aux bâtiments scolaires qui prenaient jour dans la rue allant aux châteaux.

A la rentrée des classes, fin septembre 1607, de Sauveplane ouvrit une école dans sa propre maison, et comme il enseignait aussi bien, et à meilleur marché, les élèves du Collège Communal furent peu nombreux.

Fauchier dénonça cette violation de son contrat (1).

Au Conseil, quelques-uns attribuèrent la dégringolade du collège à l'incapacité du Principal. On nomma immédiatement un jury chargé de faire une enquête sur cette imputation. Mais dès ce jour, la discussion avait été agrandie, et Etienne Robert avait réclamé la liberté de l'enseignement secondaire. Etienne Robert était cuiratier, et soit à sa calquière, soit à l'auberge de l'Epée que tenait son parent, quand il parlait, tout le monde l'écoutait, parce qu'il ne disait jamais que des choses très sensées.

Voici les personnes qui furent chargées d'interroger Fauchier :

Pierre de Privat, docteur en droit, sieur *de la Forest*, juge ordinaire (2) ;

Jacques Petit, bachelier en droit, coseigneur de Mormoyrac, lieutenant du juge d'appeaux ;

Antoine de Felgeyrolles, écuyer, vice-balif, époux de Marguerite de Baudan ;

Isaïe Desmarests, ministre du Saint-Evangile, époux Honorade de Rocheblave ;

Jacques de Ricaud, sieur de Fontclaux, docteur en droit, fils de l'ancien pasteur Antoine Ricaud ;

Jacques Privat, sieur de Vaugran,

Et de Valette, docteur en droit, comme le précédent.

Le Principal comparut devant eux le 14 octobre ; l'examen qu'on lui fit subir lui attira les compliments de l'assistance.

L'affaire revint donc au Conseil général. Fauchier maintenait sa réclamation en dommages-intérêts. Il avait tenu ses engagements ; il n'avait pas à se préoccuper si la

____

(1) On m'excusera de ne donner aucun détail biographique sur Fauchier et sur Sauveplane. Je ne retrouve pas toutes mes notes sur eux.

(2) Le juge d'appeaux n'avait que 30 ans ; on dut le trouver trop jeune.

clause insérée dans son traité était nulle en *droit strict.*

Son argumentation était inattaquable. On renvoya la dis-cussion au lendemain ; pendant ces vingt-quatre heures ce fut un va et vient continuel, dans toute la ville, pour amener les pères des enfants, qui avaient quitté l'école communale, à mieux apprécier Fauchier. On pense bien que Sauveplane, de son côté, dut se remuer. Bref, le soir, en Conseil général, on avoua que les démarches officieu-ses des membres du jury, de la municipalité, n'avaient eu aucune suite heureuse, et qu'il n'y avait qu'à voter à Fauchier une indemnité. Avant d'en fixer le chiffre, il convenait d'abord de savoir ses prétentions.

Le 16, Fauchier vint et demanda la parole ; il exposa que depuis quatre mois, lui et son laquais (*sic*), avaient énormément dépensé ; que les recettes n'atteignaient pas le quart de la dépense ; mais comme il ne voulait pas faire perdre un sou à la ville, il ne demandait que cent écus d'indemnité pour l'annulation de son traité.

Le Conseil le pria de se retirer ; on demanda à la Commission ce qu'elle en pensait ; le pasteur Desmarests dit de suite qu'il fallait bien donner 50 écus. Le Conseil ne paraissait pas disposé à un tel sacrifice ; il se fesait tard, chacun voulait en finir pourtant ; on vota cent livres ; le 17 au matin, à 9 heures, Fauchier passait à la caisse municipale. On comprit bientôt, pourquoi Desmarest s'était montré si large, c'est qu'il avait reçu une lettre de Montpellier, dans laquelle le général de la Cour des aides, Desplans (1), lui mandait qu'un nommé Poujade partait pour Alais, afin d'être nommé principal du collège.

Le 17 au soir, on convoquait le Conseil politique ; le lendemain, Poujade subissait ses épreuves devant le jury qui avait examiné, trois jours avant, Fauchier. Ayant été agréé, il était installé sans retard ; on ne tint pas compte des murmures de quelques catholiques qui blâmaient et

---

(1) Il était Alaisien, et avait un banc au temple.

l'ordonnancement des 100 livres, et la promptitude du remplacement de Pollux.

Poujade était bel et bien nommé ; et il resta principal jusqu'en février 1609 ; à cette date, il partit pour Nimes, le gousset vide ; il réclamait à la ville, six livres pour la chaire qu'il avait commandée depuis 15 mois.

Faute d'élèves, le local affecté au collège était trop grand ; aussi la ville permit à Adesseau, écrivain pédagogue, de venir donner ses leçons dans une pièce dont personne n'avait besoin.

Poujade, au moins, lui, n'avait rien fait perdre à personne, tandis que Gabriel Poussi, maître d'école, originaire de Caromb (Vaucluse), devait en partant, à son maître d'hôtel, Raymond Balme, 51 francs ; il y avait 14 mois qu'il y mangeait (acte du 21 mai 1612). Voilà, à l'enseigne de la Pomme, où en étaient les chefs d'institutions libres !

Le 2 décembre de cette même année 1612, le Conseil s'occupait du collège.

On annonçait l'arrivée de Mᵉ César, helléniste consommé, parlant le latin comme Cicéron, à en juger par le beau compliment qu'il avait fait dans cette langue, à tout le Conseil, à l'ouverture de la séance ; et il était aussi pieux, aussi modeste que savant. Il priait la ville de vouloir bien lui céder gratuitement le local du collège, que dis-je la moitié, afin que s'il venait un maître d'école catholique, on n'eut rien à changer.

Bonne pensée, qui indique la reconnaissance que doivent avoir tous les Français envers Henri IV. Grâce à lui, pendant vingt ans, nos pays avaient entrevu quelques lueurs de ce grand bien : *la liberté de conscience*. Dès qu'il fut mort, la lutte entre catholiques et protestants recommença ; d'abord sourde, elle devait bientôt devenir terrible.

XXI

Aux termes des décisions synodales, chaque province ecclésiastique protestante devait avoir un collège.

En avril ou mai 1613, le synode, réuni à Saint-Jean-du-Gard, accorda à la ville d'Anduze celui de la province des Cévennes.

Les Anduziens avaient promis de s'imposer chaque année de 600 livres, outre les 400 livres allouées par le synode national. Il y avait donc une subvention certaine de mille livres par an.

La tentative fut peu heureuse ; le mal venait de ce que chaque pasteur transformait sa maison en école, enlevant ainsi au collège régional une partie de sa clientèle.

Les Viganais, les Alaisiens surtout riaient sous cape. Anduze avait toujours eu la prétention d'être la capitale de la région. Or il y avait déjà plusieurs siècles qu'Alais n'admettait pas cette prééminence (1) ; son collège avait beau marcher cahin-caha ; elle y tenait.

Lorsque M° César quitta, Charles Servier en fut nommé le principal.

Malheureusement il eut quelques démêlés avec le Consistoire ; on l'appelait l'*apostat*. Ce n'était pas vrai. Il avait conservé la foi protestante, si j'en juge par son testament daté de la veille de sa mort. Toutefois sa conduite dans le collège fut incorrecte ; il y installa *proprio motu*, Jacques Valentin.

Jacques Valentin voulut se mettre en règle, et demanda aux Consuls de vouloir bien le maintenir à la tête du collège.

Le Conseil, tout en regrettant ce qui s'était passé, en violation de ses droits, consentit à passer l'éponge. On

____

(1) Voir Archives nationales, N. A. L., numéro 1296.

voulait éviter tout prétexte à une intervention de M^r et de Madame de Montmorency.

XXII

Nous avons déjà exposé les principes tracés par le Connétable pour amener la paix religieuse dans ses immenses domaines, (Anduze, Alais , Florac, Bagnols, Saint-Etienne Vallée française, etc., etc.)

On s'y était conformé dans l'élection des Consuls, dans la composition des corps administratifs, mais non dans le choix des professeurs qui à Alais, avaient constamment, à de rares exceptions près, été choisis parmi les protestants.

Le premier Consul catholique, Bernard Blanchier, sieur de Cauvel, en fit l'observation au Conseil, dans une des séances du mois de mai 1618.

Les protestants le blamèrent de suite, de soulever une pareille question.

Oui, les deux précepteurs en charge étaient protestants, mais n'avaient-ils pas été nommés, en vertu d'une délibération régulière, adoptée par tout le monde, sans aucune opposition ! On aurait compris sa motion, si le Conseil était saisie d'une plainte contre Daniel Marc ou Jean-Jacques Valentin ; on l'excuserait même, s'il avait sous la main quelqu'un de plus capable que ces deux professeurs; et si le cas se présentait, certainement le Conseil ne se préoccupant que de l'intérêt dû à la jeunesse, n'hésiterait pas à nommer le meilleur des candidats, *quelle que fut sa religion*.

Il n'y avait rien à répondre à un discours aussi habile. Blanchier n'insista pas.

Valentin était de Saint-Andéol où son père Guillaume Valentin habitait encore ; c'est son frère, maréchal à Alais, qui l'avait engagé à venir s'y établir.

De Daniel Marc, je n'ai pu rien découvrir.

Leur situation était assez précaire : ils savaient que les Alaisiens avaient d'autres visées.

La ville d'Anduze ne voulait plus se sacrifier pour un collège sans élèves ; le Conseil municipal venait de refuser la continuation de la subvention promise (séance du 17 mars 1619) et même de voter la suppression de cet établissement (avril 1619).

Alais et le Vigan guettaient la proie. Alais avait plus de chance ; son Conseil municipal avait promis de donner trois cents livres par an, si l'on voulait transférer le collège dans ses murs. Sans doute, 300 livres, c'était la moitié de ce à quoi s'était engagée jadis Anduze, mais on savait que les administrateurs de la ville aimaient mieux promettre moins, et tenir leurs engagements.

Avant d'accepter, ceux qui dirigeaient les intérêts du parti protestant français s'adressèrent aux Anduziens et leur offrirent de laisser le collège à Anduze pourvu qu'ils votâssent la même subvention que les Alaisiens. On doit approuver la conduite du synode provincial de Lasalle ; grâce aux avis de Courant, ministre, Anduze comprit que son intérêt était de garder le collège.

Les Alaisiens en appelèrent, a tort, au synode national qui devait se tenir dans leur ville l'année suivante.

XXIII

Valentin s'était marié (27 février 1617). Annibal de Lagette, sieur de Fentières, lui avait servi de témoin. La future, Jeanne Thérond, de Saint-Martin de Boubeaux, avait apporté en dot deux cents francs,..... et un mauvais caractère. Elle se brouilla presque de suite avec la femme de Pierre Privat, le valet de ville ; elle l'accusa même de lui avoir pris une belle chemise en toile de Romans, d'être une voleuse. Le Consistoire fit appeler le maître d'école, et l'invita à faire taire sa chère moitié. Valentin donna raison à sa femme qui avait traité *la Privat* comme elle le méritait ; dernièrement dit-il, parce qu'elle avait surpris deux ou trois enfants de l'école qui arrachaient des plants de chanvre dans son carré du jardin de la mairie, que ne lui a-t-elle pas crié ; elle l'a traité de bourreau, de mauvais pédagogue.

Il y avait cependant un fait indéniable ; plusieurs protestants envoyaient leurs enfants aux écoles *papistes*.

Le Consistoire s'en alarma ; avant d'employer les voies de rigueur, il appela à sa barre, comme c'était son droit, les pères de famille. Lorsque l'avertisseur du temple entra à cet effet, chez Barthélémy Félines, celui-ci lui dit « que le Consistoire était composé de bêtes. »

Pierre Brujas, plus poli, répondit froidement aux deux pasteurs, « que son fils apprenait bien à l'école de Charles Servier et qu'il ne voulait pas l'en ôter. »

Jean Barnier, Maurice Foucard, Jean Lasalle, Alméras, tinrent à peu de chose près le même langage.

Le Consistoire les menaça tous de l'excommunication. Mais les foudres du Consistoire n'effrayaient plus personne ; il en avait abusé, comme le clergé catholique (1).

Jean Fornier avait un fils de quinze ans, qui se sentant attiré vers la religion catholique, ne voulait plus mettre les pieds au temple. Le père, protestant convaincu, zélé (il était *ancien* (2), pria un *proposant* (3), François Sauvage (4) de lui donner des leçons particulières de caté-

---

(1) Pour dépeindre jusqu'où allait la tyrannie du Consistoire, je citerai textuellement une délibération du Consistoire de l'année 1613 (f. 112).

« Attendu qu'Antoine Constans a assisté à la sépulture et enterrement » de sa mère ensevelie à la façon des papistes par les prêtres, attendu » que c'est *un acte scandaleux*, il demandera pardon. »

(2) Les anciens, d'abord élus pour trois ans, ne le furent plus que pour un an à partir de 1618. On allait prendre chez les anciens les marques destinées à prouver qu'on devait être admis à la Cène. Les anciens fesaient la quête pour les pauvres, à la porte du temple etc., etc.

(3) Les proposants étaient ceux qui après avoir étudié en théologie, fesaient pour ainsi dire un apprentissage des fonctions de ministre « ils *apprenaient la forme qui se tient au Consistoire.*

(4) François Sauvage, fils de François Sauvage, cordonnier et de Marguerite Delaporte, d'Albis, nommé pasteur à Saint-Roman Vallée française en 1623 ou 1625 et à Barre vers 1643.

chisme. Sauvage essaya vainement de ramener son élève aux idées calvinistes. Fornier fils ne modifia pas sa conduite. Le Consistoire s'en prit au père, et dans sa délibération du 29 octobre 1620, on lui signifia que la désertion de son fils amenait sa destitution d'*ancien*, et son exclusion de la Cène. Je n'ai pas à continuer le récit de cette affaire, mais Montaigne eut blâmé le Consistoire. « J'accuse, dit-il, toute violence en l'éducation d'une âme tendre qu'on dresse pour l'honneur et la liberté (1) »

XXIV

Si nous avons raconté le fait de Fornier, plutôt que d'autres, c'est que cela se passait au moment même où le Synode national se réunissait à Alais.

On espérait bien, cette fois, décapiter Anduze, lui enlever son collége.

Le bureau synodal communiqua les démarches des Alaisiens à la ville d'Anduze; celle-ci promit de faire, pour le collège, tout autant qu'Alais.

Le Synode national n'avait plus, équitablement, qu'à maintenir le *statu quo*.

« Sur le différend survenu entre les églises d'Allès et
» d'Anduze pour le collège établi dans la province des
» Cévennes, la Compagnie ne voulant rien changer à
» présent dans l'état des Provinces et désirant conser-
» ver.... l'union de toutes les Eglises, a ordonné que ledit
» collége demeurera dans la ville d'Anduze jusqu'au
» Synode national prochain, auquel la Province des
» Cévennes rendra compte de l'état dudit collège, afin
» que s'il n'est pas tel qu'il doit être pour l'utilité de
» l'Eglise, on le puisse placer ailleurs. » — Novembre et décembre 1620.

La question ne devait plus reparaître.

----

(1) *Essais*, livre 2, chapitre 8.

Déjà les huguenots prenaient partout les armes, et se préparaient à une guerre générale.

Nous n'avons pas à raconter l'histoire de cette lutte qui se termina, en 1629, par la paix d'Alais. Il y eut bien pendant ces dix ans quelques moments de repos entre les combattants fatigués, mais pour les clairvoyants, il était visible que la Royauté ne renoncerait jamais à son plan, c'est-à-dire à l'anéantissement de l'influence politique des protestants.

La population (j'ai lu des centaines de délibérations qui l'attestent) s'opposait à la guerre, et c'est ce qui explique l'insuccès de Rohan. Les agents de Richelieu (il en avait dans toutes les classes de la société), ne manquaient pas de proclamer que le Cardinal n'en voulait pas aux croyances, aux consciences, mais qu'il entendait reléguer les pasteurs (1) dans leurs fonctions spéciales, et empêcher des princes ou des seigneurs ambitieux de troubler les gens qui ne voulaient que travailler en paix. Le commerce, l'industrie avaient eu 30 ans de tranquillité ; tout le monde avait ressenti les bienfaits de cet état de choses ; enfin, le bien-être matériel avait amené un attiédissement de la dévotion, et les gens exaltés, les outranciers formaient une très petite minorité (2). Pour ceux là, chaque armistice, chaque traité de paix, ne répondaient pas à leurs espérances ; tout prétexte était bon pour envenimer les esprits.

Le 13 novembre 1623, Etienne Michelet, second Consul,

---

(1) Du Moulin, un des plus remarquables pasteurs français, écrit, en revenant du Synode d'Alais :

« Maladies qui porteront la ruine totale de ces églises, si Dieu n'y » pourvoit.. ... Tous se plaignent des pasteurs et *les pasteurs les uns* » *des autres. Chacun a quelque raison et quelque tort,..... * Le peuple » est bon, il aime la vérité, mais les pasteurs ! ! ! »

Nous raconterons un jour les petites misères des ministres Alaisiens.

(2) A partir de 1621 jusqu'en 1632, les registres offrent des lacunes considérables ; il n'y a que les procès-verbaux des séances tenues par les catholiques.

au nom des catholiques, somma ses collègues protestants, en présence d'Antoine Ramel, valet des Consuls, de vouloir bien autoriser l'ouverture d'une école dans la mairie :

« Les habitants catholiques ont fait venir Me Charles
» Sanier pour apprendre la jeunesse, et parce que la
» maison est destinée en partie pour l'habitation des pro-
» fesseurs, étant les catholiques en faculté de jouir de la
» moitié d'icelle....

» Il requiert.... de vouloir permettre l'habitation dudit
» maître dans une chambre de la maison commune pour
» une école à l'effet d'apprendre et d'enseigner la jeunesse
» catholique. »

N'oublions pas qu'à ce moment les protestants forment les 4/6e de la population.

Si Charles Sanier vint s'installer à la mairie, il dut bientôt en déguerpir.

A partir de 1625, pendant 5 ans, l'hôtel de ville va redevenir un arsenal, un atelier de fonderie de balles, une poudrière, et là où l'on enseignait la grammaire, on ne parlera plus que de revelins, de forts, et de tactique militaire.

Les maîtres d'écoles se logent où ils peuvent ; à peine si nous retrouvons leurs noms :

Pierre Légal.

Pierre Folchier, né à Bellecoste.

Bernardin Alamel, catholique.

Charles Sanier est le seul dont l'établissement prospère relativement ; il fait des économies ; il place de l'argent le 23 octobre 1624,

Après la guerre, la peste (1629).

L'état sanitaire s'améliore ; en juin 1632, Me Théodore cumule les fonctions de précepteur et de secrétaire de la mairie ; il n'y a pas un mois qu'il a pris possession du logement qu'on lui a assigné dans l'hôtel de ville, que les gendarmes du Marquis de la Force lui enjoignent de vider les lieux, et promptement.

Cette fois les rebelles ne sont pas des protestants, c'est le frère du Roi, c'est le dernier des Montmorency. Quel-

ques réformés les ont suivis, le pasteur Desmarets par
exemple ; il sera pendu le 4 octobre 1632 !

XXV

En vertu d'un arrêt du Conseil, du 23 juillet 1633, signé
à Chantilly, (naguère, la résidence du pauvre Henri de
Montmorency, le fils du Connétable), les collèges doivent
avoir désormais autant de maîtres catholiques que de
maîtres protestants.

Le juge criminel, de Calvière, et Favier, garde-sceau
de la sénéchaussée de Beaucaire, commissaires du Roi
pour la vérification des collèges et écoles, écrivirent aux
Consuls d'envoyer deux députés, un de chaque religion,
pour prendre de concert les mesures de détail en confor-
mité dudit arrêt (février 1634).

Les Consuls partirent immédiatement : ils démontrè-
rent, facilement, aux représentants de la Royauté, que
l'arrêt du Conseil ne les touchait guère. Hélas ! la situation financière de la commune ne permettait aucune
affectation de crédit à l'instruction publique. La ville
avait un passif de 200,000 francs !

Il fallait, en effet, rembourser les emprunts de guerre
considérables contractés de 1621 à 1629 : 150.000 francs
environ ; on avait mis à leur charge les frais de démoli-
tion du château comtal : 7.000 livres environ. Et de plus,
on avait, par ordre de Rohan, démoli l'église catholique;
pour la reconstruire , on pouvait compter sur 20,000
livres !

Avec quoi faire face aux dépenses ! La ville avait bien
une créance sur la caisse royale, car les blessés de
l'armée de Louis XIII étaient restés à Alais, lorsqu'on
avait signé la paix, et le compte des avances faites de ce
chef par la ville s'élevait à 10,000 livres ! Mais on demandait tant de pièces justificatives que la ville craignait
bien de ne pas être réglée de longtemps !

Tous, catholiques et protestants, étaient d'accord, de

ne pas s'occuper du collège, avant d'avoir liquidé la situation.

Le 17 février 1634, Calvière rendit son ordonnance :

« Nous faisons inhibition et défense aux Consuls de la
» ville d'Alais de contrevenir aux arrêts du Conseil du
» Roi dont il leur a été fait lecture..... de souffrir l'éta-
» blissement d'aucun collège, école et lecture publique en
» ladite ville.

. » Il est interdit d'affecter aux écoles un lieu public, de
» faire figurer dans les impositions une somme qui serait
» destinée au payement des régents, sans une permission
» expresse du Roi. »

Tout ce que permet Calvière, c'est aux maîtres particuliers de tenir écoles privées en leurs maisons d'habitation, et de reconnaître à chaque père de famille le droit d'avoir un précepteur chargé d'instruire ses enfants.

Sous ce nouveau régime l'enseignement déclina.

Quant aux protestants, l'institution la plus en renom, fut celle de Jacques de Rieu.

Cet instituteur, originaire de Saint-Cierge en Rouergue, descendu de la montagne sans le sou, avait fait un bon mariage, sinon au point de vue de la fortune, du moins à raison de la situation, dans le pays, de la famille de sa femme, fille de feu André Baile et de Marthe Dessaillens. Son beau-frère, Jacques Deleuze, avait beaucoup de sympathies ; à sa noce, le 13 août 1628, il y avait le pasteur, Elzias et Pierre Fornier, etc., etc.

C'est au milieu des siens, qu'il essayait d'oublier toutes les petites tracasseries, avec lesquelles on essayait de diminuer le nombre des protestants. Il réunissait à sa table ses pensionnaires. Il n'avait qu'un défaut capital : il aimait trop l'argent.

En 1644, un fermier de l'équivalent eut le toupet de l'assimiler à un aubergiste, à un marchand de soupes, tenu par conséquent d'acquitter les droits de consommation sur le pain et sur la viande qu'on mangeait dans son établissement.

Jacques de Rieu attaqua le procès-verbal, dressé contre

lui, par Etienne Bastide, comme nul dans le fond, et nul en la forme ; son auteur, trop zélé, avait omis de prêter serment ! Pauvre de Rieu, on te repincera bien pour quelque autre contravention (1).

Les catholiques gagnent chaque jour du terrain ; ils ont pour eux les Intendants, les Evêques, et leur seigneur, le petit-fils naturel de Charles IX. Sa mère, Charlotte de Montmorency, a légué aux Capucins de quoi bâtir un couvent. Les Jésuites ne tarderont pas à venir.

Le 1er janvier 1654, c'est un Père Jésuite qui prêche devant les nouveaux Consuls. Les catholiques, qui raisonnent, blâment le clergé, et refusent audit Père Girard l'honneur de prêcher la station quadragésimale.

A défaut de la chaire, on se sert de l'intrigue ; on cherche à convertir les classes dirigeantes, les magistrats. Dès qu'on aura en main la mairie et le prétoire, il faudra bien que les autres se soumettent.

Le juge, Philibert d'Aberlenc, Sr de Sévérac, s'est fait catholique ; il voudrait que sa femme, Anne de Rouvière, la fille du docteur en médecine, abjurât aussi le protestantisme ; elle se cache, Sévérac furieux, veut *l'étrangler !*

Quelle triste recrue que ce Juge ! Quel contraste avec ce qui se passait en 1616 ! A cette époque, le juge Laforest soupçonna les membres du Consistoire d'avoir corrompu quelqu'un de son entourage pour avoir le brouillon dés lettres qu'il écrivait au comte d'Auvergne, seigneur d'Alais ; il vint se plaindre, et dit qu'il voyait dans les pasteurs « *un désir d'exercer une tyrannie pire que celle de l'Inquisition.* »

Cette incartade lui attira la peine de la suspension publique de la Cène. (Délibération du 18 septembre 1616).

Mazarin n'a pas pu continuer la politique de Richelieu ;

---

(1) Arrêt des grands jours du 23 janvier 1667, le condamnant à 1,500 livres d'amende pour délit habituel d'usure.

l'on n'en veut pas encore au Roi de tout ce qui se passe ;
on croit qu'il est trompé par ses confesseurs.

XXVI

Louis XIV établit une chambre des grands-jours, au
Puy en Velai, pour tout le ressort du parlement de Toulouse, par une déclaration datée de Vincennes le 23
août 1666.

Les séances de cette chambre devaient commencer au
Puy, et être continuées successivement, s'il en était
besoin, dans les principales villes du ressort, avec pouvoir de connaître de toutes causes civiles ou criminelles,
même de celles réservées aux chambres de l'Edit de
Nantes.

En conséquence il arriva à Alais un commissaire des
grands jours, nommé de Boisset.

Voici les arrêts de ces grands jours, concernant la question que nous étudions.

1° 5 janvier 1667, conformément aux arrêts du Conseil
du 5 octobre 1663 et du 18 septembre 1664, défense aux
protestants de tenir d'autres écoles que celles où l'on
enseignerait à lire, écrire et chiffrer, à peine de mille
livres d'amende.

2° 23 janvier 1667. Etablissement d'un maître catholique, avec cent livres de gages, imposables sur toute la
communauté ; interdiction aux chefs de famille catholiques d'envoyer leurs enfants aux écoles protestantes, à
peine de 500 livres d'amende ; défense aux pasteurs
d'avoir plus de deux pensionnaires ; défense aux autres
maîtres protestants d'apprendre à leurs élèves à chanter à
haute voix les psaumes de Marot et de Bèze.

Conformément à ces arrêts, cent livres furent imposées
à partir de la confection du rôle de l'année 1669, sous le
titre « gages ou louage de la maison d'un précepteur pour
l'éducation de la petite jeunesse. »

Comme il était permis à chaque chef-lieu de viguerie

de s'imposer de six cents livres pour les dépenses du personnel administratif, et que les Alaisiens n'avaient inscrit à leur budget, de ce chef, que 466 livres (1), l'intendant porta bientôt à 200 livres le traitement des maîtres de la petite jeunesse.

Il y avait, en outre, en 1669, pour la jeunesse protestante, quatre écoles privées de garçons et une école de filles :

Bonhomme.

Delord.

Felgeyrolles.

Gilly.

et la femme Malplaits.

Gilly était le plus cossu ; outre ce que lui rapportait son école, il recevait par an 140 livres, comme chantre au temple.

En 1674, le Clergé remarquait avec peine que la seule école catholique était tenue par un bon vieux, si vieux, si incapable que les parents envoyaient leurs enfants aux écoles protestantes.

En 1675, le père gardien des Cordeliers offrit de faire venir un religieux, qui enseignerait à lire, à écrire, et pousserait les enfants jusqu'à la rhétorique inclusivement, à 160 livres de traitement.

Les Cordeliers jadis si sympathiques à la population, étaient dans une étrange erreur, s'ils croyaient que les jésuites les laisseraient créer un collège.

---

(1) Quatre Consuls à 25 fr................ 100

Greffier................................ 20

Valets................................. 60

Trompette.............................. 6

Horloger............................... 30

Gàrde-terres........................... 120

Portiers............................... 20

Maître d'école......................... 100

Frais de rôle.......................... 10

Total............... 466

Le 7 janvier 1676, le premier Consul, Jacques de Bérard, sieur de Malavas, catholique, dit au Conseil que le R. P. Bégua de la compagnie de Jésus, lui avait manifesté le désir de fonder un collège de son ordre à Alais. Si la subvention, votée par la ville, était suffisante pour entretenir en partie trois régents, le général de l'ordre autoriserait l'établissement dans Alais d'un collège à l'instar de ceux de Montpellier, de Nimes, de Rodez, et l'on verrait un cours de rhétorique comme depuis longtemps on n'en avait pas vu.

Le R. P. avait eu soin de bien lui faire remarquer que l'opération serait excellente pour la ville, car les professeurs avaient des ressources d'ailleurs (sic) pour subvenir à toutes leurs dépenses, et l'argent, que laisseraient les pensionnaires du dehors, irait droit chez les fournisseurs de la ville.

On n'avait pas interrompu le premier Consul, mais dès qu'il eut terminé, le parti protestant se leva tout entier. Comment, on venait proposer d'introduire officiellement les jésuites à Alais ! Il y a plus de 50 ans, que par assemblée générale, on a décidé de ne jamais tolérer leur présence dans une ville protestante. Ah si Desmarets, qu'on a pendu en 1632, vivait encore, il n'en croirait pas à ses oreilles ! On voit bien que les temps sont changés, et qu'il existe un parti pris, de détruire la Réforme ! Il n'y avait plus qu'à se taire, et à mourir.

Guiraudet Jacques, notaire, porte-voix de ses coreligionnaires, se contenta de dire qu'il était étonné que le premier Consul eut soulevé une question de cette importance, ex abrupto, sans en causer d'abord avec ses collègues du Consulat. Il demanda la suspension de la séance, afin de permettre, aux protestants, de délibérer sur la conduite qu'ils avaient à tenir.

Jacques Lafont, docteur en droit, ex-premier consul de 1662, répliqua ; ce n'est pas la coutume, dit-il, de consulter, séparément, catholiques et protestants, lorsqu'il s'agit d'une proposition concernant le bien public général ; renvoyer la séance serait une faiblesse, et en même temps un moyen de permettre la formation de *monopoles* (*sic*).

Le Conseil vota, malgré l'orateur, la suspension de la séance. Les protestants, après avoir conféré sous la galerie de la maison consulaire, rentrèrent dans la salle du Conseil. Guiraudet demanda la parole. Les édits royaux, dit-il, dispensent les protestants de contribuer à l'entretien des moines ou des religieux ; accepter des Jésuites pour professeurs, ce serait indirectement entretenir à nos frais des religieux. Lafont se leva une seconde fois pour rétorquer l'argument. Le premier Consul avait demandé des fonds pour l'instruction publique, et non pour un couvent ; les édits invoqués par Guiraudet ne s'appliquaient pas à l'espèce ; en tout cas, il demandait qu'on prît acte de la conduite tenue par les protestants en cette occurence.

On vote. Les protestants s'abstiennent ; les catholiques se rangent unanimement à l'avis du premier Consul. La ville s'engageait à payer, annuellement, six cents livres aux régents de la Compagnie de Jésus. (Délibération du 7 janvier 1676.)

Chaque parti récompensa ses défenseurs ; Jacques Lafont et Jacques Guiraudet furent nommés consuls, le 1ᵉʳ janvier 1677.

L'intendant d'Aguesseau recula, et refusa d'homologuer la délibération des catholiques.

La ville se divisa encore en deux partis bien tranchés, dans le courant de l'année 1676, quand le Roi voulut réunir, dans une seule caisse, les recettes des bureaux de bienfaisance de chaque religion ; d'Aguesseau de nouveau n'osa pas insister.

Mais dès que la paix de Nimègue eut été signée, le Roi changea d'attitude.

Le 11 décembre 1679, il rendait l'arrêt suivant, dans un Conseil d'État tenu à Saint-Germain-en-Laye.

« Le roi ayant été informé des grandes divisions et » désordres qu'il y a toujours eu dans l'hôtel-de-ville..... » d'Alais, et la mauvaise administration des biens et » affaires de cette communauté, causée par les habitants

» de la religion prétendue réformée, lesquels étant en
» plus grand nombre que les catholiques, ont toujours
» fait prendre des délibérations contraires au bien public
» et à l'avantage de la religion catholique, à quoi étant
» nécessaire de pourvoir, en n'admettant dorénavant au
» Consulat, Conseil politique, Chefs de métiers, que des
» personnes catholiques, le Roi, étant en son Conseil, a
» ordonné et ordonne que les protestants seront exclus
» *pour toujours* du Consulat, Conseil politique..........,
» et pour l'année 1680 nomme..... ...., consuls, tous
» quatre catholiques. »

Dès que l'on eut fini la lecture de cet arrêt, André et
Jacques Martel (1), deuxième et quatrième Consuls, protestants, dirent qu'ils recevaient avec soumission et
profond respect les ordres de Sa Majesté, se réservant
néanmoins de lui faire de très humbles remontrances,
l'arrêt leur imputant une conduite qu'ils n'avaient pas
tenue.

Les catholiques ne furent pas à la hauteur de leur
tâche.

Au mois d'octobre 1680, Joseph Dupuy et sa femme
offrirent leurs services à la ville. Le mari se chargeait
d'apprendre le latin ; sa femme promettait d'enseigner
aux filles la lecture, l'écriture et la couture.

« En sorte que ce serait une école publique pour toutes
les familles de cette ville ».

« *Considérant qu'il n'y a aucun collège en cette ville,*
» *ni personne pour apprendre le latin,* les époux Dupuy
» recevront une indemnité annuelle de 50 livres !!! »

L'année suivante, un nommé Gilli remplaçait Dupuy.

XXVII

De 1665 à 1685, il y a eu une série de déclarations roya-
les, et d'arrêts, pour miner lentement l'œuvre de la

---

(1) André Martel, marchand ; Jacques Martel, boulanger,

réforme ! Louis XIV croit qu'il peut donner le coup de grâce !

Le temple est abattu, les pasteurs envoyés en exil (1), la soldatesque accompagne les rebaptizeurs. Le R. P. d'Arc, jésuite a sa chaire gardée par les dragons, on agrandit l'église, on y place six confessionnaux de plus ! La ville inscrit à son budget le coût de deux boîtes destinées à recevoir les billets de ceux qui auront des difficultés dogmatiques à proposer ! (octobre 1685).

---

(1) On s'est demandé, peut être, pourquoi nous avions choisi la famille de Porcairargues, comme spécimen de la généalogie que chaque Alaisien pourrait avoir s'il consentait à quelque sacrifice pour l'impression de notre histoire d'Alais; c'est parce que deux pasteurs d'Alais, obligés de quitter la France au moment de la révocation de l'édit de Nantes, s'y rattachent, ainsi qu'on va le voir.

Jacques Bouton, originaire d'Uzès, docteur en théologie, ministre à Alais, époux Deleuze Anne.

Antoine Bouton, ministre à Alais, marié le 21 octobre 1639 à Rose de Porcairargues, fille de Jean de Porcairargues et de Jeanne de Larboux, décédés. (Contrat de mariage, Amalric, notaire.)

André Bouton, ministre à Alais, époux Jeanne de Montmarc (acte du 1er mars 1670, Elzière, notaire).

Suspendu une première fois, avant son mariage, pour avoir trompé une jeune fille, Marie Aubrespin, il le fut une seconde fois, en septembre 1671, par un Synode tenu à Sauve.

Jacqueline Bouton, femme Henri de Sauri, sieur Delmas (acte Evesque, notaire, du 13 novembre 1694).

François Bouton, femme François Deleuze, sieur de Clavière, capitaine.

Antoine et André Bouton, émigrèrent.

Le troisième pasteur d'Alais, en 1685, lors de la révocation de l'Édit, était :

Coulan Pierre, né à Uzès, en 1620, pasteur à Alais de 1655 à 1660, et de 1671 à 1684 ; il avait epouse Isabeau de Pénarier, née à Alais, le huit mai 1627 ; (il en eut deux enfants, Antoine et Jeanne Coulan). Ils émigrèrent ; la femme mourut à Zurich, en 1688 ; le mari se remaria à Amsterdam avec Anne Guichard, de La Rochelle, et devint père, à l'âge de 67 ans, d'un fils.

Et pendant ce temps, le Roi achève Versailles, commence Marly, il célèbre, par les plus superbes fêtes, les noces de sa fille adultérine avec le duc de Bourbon,

Boileau ose brûler devant lui l'encens le plus pur :

L'univers sous ton règne a-t-il des malheureux !

Oui, il y a des malheureux, et la grande violation de l'édit d'Henri IV sera l'éternelle honte du règne de son petit-fils !

Le chapitre de l'instruction publique a appelé l'attention des convertisseurs. En 1687, on alloue 200 livres aux cinq maîtres. L'intendant envoie deux religieuses pour les filles. (février 1687.) Nous n'avons pas à suivre ces femmes dévouées dans leurs divers logements successifs (1) ; nous ne nous occupons dans cette étude que de l'instruction des garçons. L'école communale des garçons comptait 120 élèves en 1691. Au budget de cette année-là, on inscrit 400 livres pour le personnel, outre la location de la maison d'école.

Le 16 juin 1694, parut la bulle d'érection de l'Evêché d'Alais. Le regretté M. Duclaux-Monteil a raconté, dans ses *Recherches historiques sur la ville d'Alais* (2), ce que fit le premier évêque, M. de Saulx, avec le concours du bienheureux l'abbé de *la Salle*, en faveur du développement de l'instruction (3). Mais si l'on doit considérer

---

(1) Chez Blanc, chez Larboux, puis dans la maison de Jean Limosin apothicaire de 1693 à 1696, rue de la Galère, puis chez Jeanne Delafont veuve Cabanis, puis chez la veuve Sanier, et enfin à 1709 à la maison du *bon pasteur*.

Les filles de la bourgeoisie étaient confiées, depuis 1618, aux Ursulines. Nous nous proposons d'écrire dans une étude à part tout ce qui concerne l'éducation des filles.

(2) Alais, imprimerie Martin 1860, in-8°, pages 387 et 526.

(3) M. Gabriel Compayré, dans son histoire de la Pédagogie, 5e édition 1887, affirme, page 215, que l'abbé de la Salle rencontra une *opposition inexplicable* dans le clergé français. Voir contrà, les lettres de l'évêque d'Alais et de son grand vicaire audit La Salle dans l'ouvrage de Duclaux-Monteil.

M. de Saulx comme le véritable fondateur de l'instruction primaire, c'est à Charles de Bannes d'Avéjean, son successeur, que revient l'honneur d'avoir organisé l'instruction secondaire. C'est de ses propres deniers qu'il meubla la maison de Larnac, près la porte des Cordeliers, acquise par le Diocèse, le 4 mai 1730.

Les classes furent ouvertes en 1733.

Je ne dirai pas ici ce que fut ce collège pendant les cinquante années qui suivirent sa création. C'est une histoire que nous avons déjà racontée *dans les Mémoires de la Société scientifique et littéraire de la ville* (1).

Chaque évêque se montra désireux d'augmenter la dotation de cet établissement. La ville ne s'imposa aucun sacrifice, et elle posséda gratuitement l'enseignement secondaire.

Dès qu'on savait lire et écrire, c'est-à-dire dès l'âge de huit ans, on entrait comme externe au collège, et l'on n'en sortait que pour aller aux Universités.

De 1691 à 1789, il y eut cependant quelques écoles libres, où la jeunesse protestante apprenait le latin.

En 1691, le professeur s'appelle Jean Ruat, né à Besson en Gevaudan.

Vers 1750, Favant.

Au rôle des patentes de 1774, il y a trois maîtres d'écoles libres, payant ensemble six livres. Leurs noms sont : Mestralet, Lasseray et Moreau.

Le dernier évêque d'Alais, de Bausset, pendant les quatre années de son épiscopat qui précédèrent la Révolution, essaya de rendre le collège encore plus prospère.

Charles-Eugène-Gabriel De La Croix, marquis de Castries, avait acquis de la famille des Conti, héritière des Montmorency, le comté d'Alais; il avait le portefeuille de la Marine lorsque Louis XVI voulut créer une école de marine. L'évêque lui vanta son collège, distingué dès son établissement par le goût des bonnes études, ainsi

---

(2) Tome 16, année 1884, pages 115-173.

que par l'ordre et la régularité qui y avaient toujours régné. Il lui parla de ce ciel pur, de çet air salubre, des
eaux de ce Gardon que chantait Florian, et où l'on pourrait
apprendre, à peu de frais, les principes et les usages de
la natation. Le 18 octobre 1786, le traité était signé. Il y
avait plus de 50 bourses d'internat, dont 40 accordées par
le Roi à l'élite de la noblesse française ; le plus célèbre
de ces boursiers fut de Villèle, qui s'en est souvenu en
écrivant ses Mémoires.

Le collège était dans une situation florissante lorsque
la Révolution éclata.

. . . .

. . . .

. . . .

Nous n'aimons pas à imposer au lecteur une conclusion.
Il doit la faire lui-même, après avoir examiné l'histoire
impartiale que nous venons d'écrire pour lui. Qu'il compare ce que fut le passé avec ce qu'est le présent, avec
ce que promet l'avenir, et s'il regrette l'Ancien Régime,
il nous permettra de préférer la France nouvelle.

Alais, 21 octobre 1889.

A. BARDON.